Aher Arop Bol
Mond über der Savanne

Aher Arop Bol

MOND ÜBER DER SAVANNE

Als Kind allein durch Afrika

BRUNNEN
Verlag Giessen · Basel

Die südafrikanische Originalausgabe erschien unter dem Titel
„Lost Boy – The true story of a young boy's flight
from Sudan to South Africa"
bei Kwela Books, an imprint of NB Publishers, South Africa.
All rights reserved.
© 2009 Aher Arop Bol
Translation rights arranged through
Christiane Janssen Literary Agency, Mainz (Germany)

Übersetzung aus dem Englischen von Julian Müller

© der deutschen Ausgabe
Brunnen Verlag Gießen 2010
www.brunnen-verlag.de
Umschlagfoto: Getty Images
Umschlaggestaltung: Ralf Simon
Satz: DTP Brunnen
Druck: GGP Media GmbH, Pößneck
ISBN 978-3-7655-1768-6

Meinem Cousin Dut Mayout gewidmet –
und den anderen Jungen, die wie er nicht überlebten

Inhalt

7

Teil 2

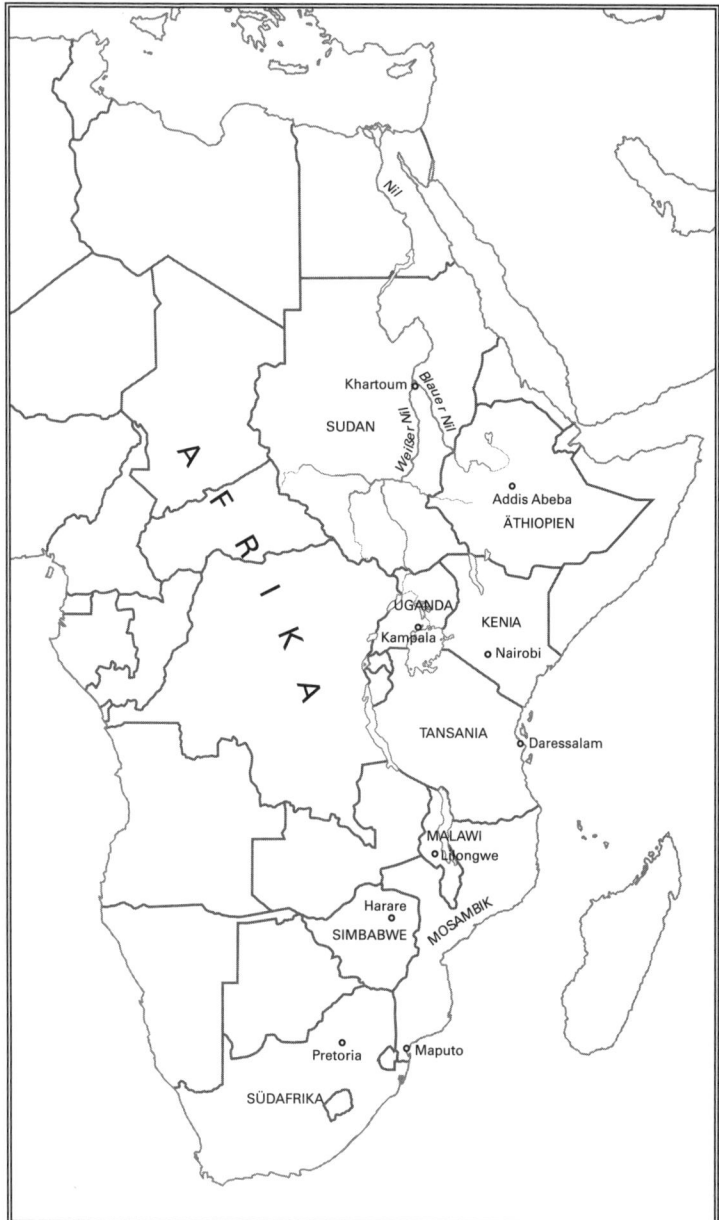

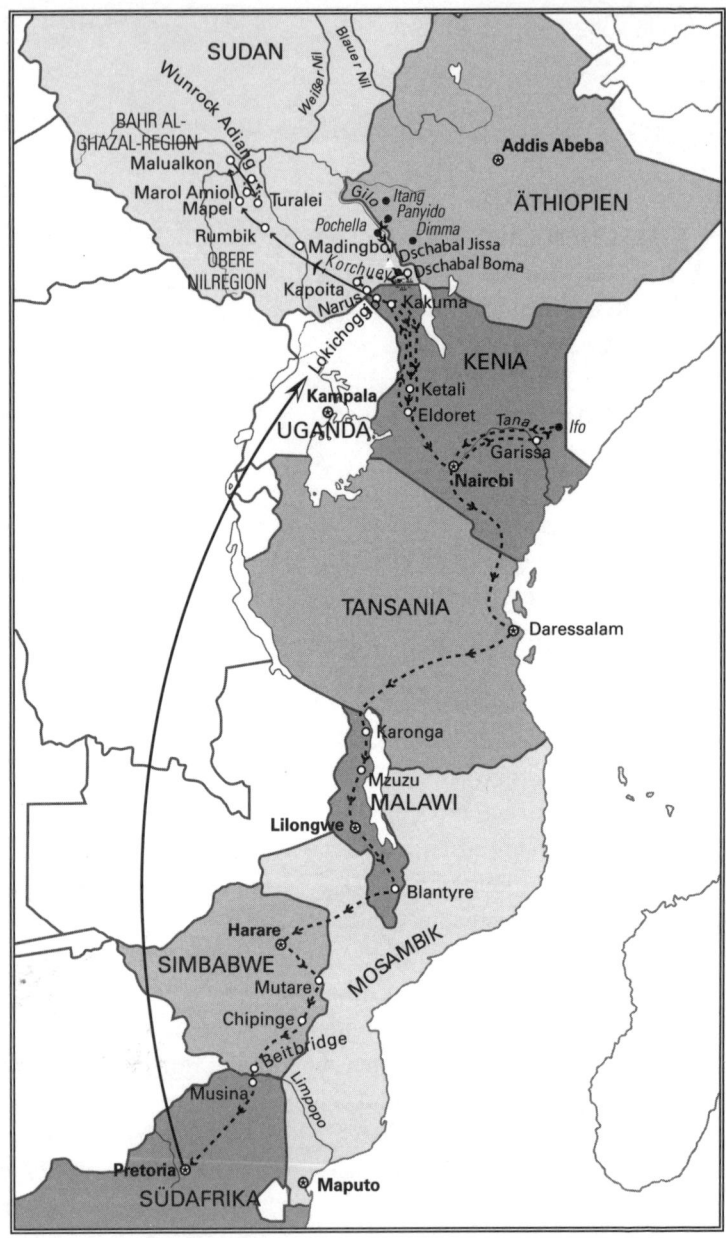

Zu diesem Buch

WELCHEN PREIS HAT die Freiheit? Wie viele Menschenleben wird sie im Sudan noch kosten? In einem Land, in dem Religion und Politik Krieg und Armut ausbrüten, wo muslimische Araber aus dem Norden gegen die Menschen im Süden – Christen und Animisten – kämpfen?

Am 16. Mai 1983 griffen in der Stadt Bor hundertfünf Männer zu den Waffen und traten der islamischen Regierung im Norden entgegen. Sie waren die Gründer der „Sudanesischen Volksbefreiungsarmee (SPLA)". Der Krieg, der daraus folgte, hat bis heute zweieinhalb Millionen Menschen das Leben gekostet. Er hat viele Tausende von verwaisten Kindern zurückgelassen, Wohlstand zerstört und die Würde der Menschen mit Füßen getreten.

In diese Zeit wurden ich und meinesgleichen hineingeboren. In jenem Riss, der durch den Krieg entstand, sind wir unglücklichen Kinder aufgewachsen. Mitten im Kreuzfeuer, zwischen den Fronten. Wir waren Opfer und Ziele.

Es gab achtzehntausend von uns, aber jeder litt für sich allein. Wir hatten keine Eltern. Wir waren zu schwach, um all die Leichen zu begraben. Niemand stand uns bei, um mit all dem fertig zu werden. Die Welt, die uns zusah, hatte den Blick für die Würde und den Wert eines Menschenlebens verloren. Die Regierungstruppen behandelten die Bewohner des Südens nicht wie Menschen. Sie raubten ihnen nicht nur ihren Besitz, sondern auch ihre Kinder und das Leben.

Leid und Enttäuschung haben mich dazu gebracht, dieses Buch – die Geschichte meiner Kindheit und Jugend – zu schreiben. Ich bitte die Verhandlungsführer inständig, nicht nur die Kampfhandlungen im Sudan zu beenden; die Probleme, aus denen sie entstanden sind, müssen gelöst werden. Ich bete, dass Gott hierfür den Weg bereitet. Die Menschen sollen in ihre Heimat zurückkehren und in Frieden leben dürfen.

Dieses Buch berichtet, was ich und andere Kinder in Flüchtlingslagern wie Panyido (Äthiopien) erlebt haben. Es erzählt von unserer Verzweiflung, dem Hunger und Durst, an denen wir litten, und den Krankheiten, die wir überlebten. Von Erleichterung und Freundschaft, die wir in ruhigeren Zeiten fanden. Von unserer Suche nach einem Sinn und nach Wegen, wie die Welt zu einem lebenswerteren Ort werden kann.

Der Krieg hat uns in alle Winkel des Sudan und der Welt verstreut. Wir haben gelernt, auf Gott zu vertrauen. Und wir erinnern uns so dankbar an die Erwachsenen, die in den Lagern und Kriegsgebieten für uns gesorgt haben, auch wenn sie selbst großes Leid ertragen mussten.

Im Sudan, einem Land der Korruption,
sind die Stimmen, die einst für uns eintraten, alle verstummt.

(Aus einem Lied in Dinka von Deng Kout,
auch bekannt als Deng Pannon)

TEIL 1

1 Unter sengender Sonne

ICH ERREICHTE DAS Flüchtlingslager in Äthiopien auf den Schultern meines Onkels Atem. Er hatte uns auf der Flucht einen Weg durch den Busch gebahnt. Bald darauf hörte ich, dass dieses Lager den Namen Panyido trug. Es war das Jahr 1987, und ich war drei oder vier Jahre alt.

Als ich später in den Sudan zurückkehrte, fand ich heraus, dass Panyido zwei Tagesreisen von der sudanesischen Grenze entfernt lag (wenn man Tag und Nacht ging), und viele, viele Tage weit von meinem Heimatdorf.

Es war Nacht, als Onkel Atem und ich damals mit meinen beiden älteren Cousins Dut und Yaac am Ufer des Flusses Tana ankamen. Dort befand sich das Lager. In Scharen strömten Menschen darauf zu; sie hatten wie wir unterwegs von Dorfbewohnern gehört, dass man hier Nahrung und Unterkunft bekommen würde.

Die Neuankömmlinge, die auf ihrer Flucht unter Hunger, Durst, Krankheiten und Verletzungen gelitten hatten, stürzten erwartungsvoll zur Mitte des Lagers. Aber dort gab es nichts für sie. Die Hoffnung auf Nahrung und medizinische Versorgung hatte ihnen die Kraft gegeben, ihre geschwächten Körper am Fluss entlangzuschleppen. Sie hatten sich ausgemalt, wie vermisste Familienmitglieder sie nach sudanesischer Art mit Essen empfangen oder zumindest andere Lagerbewohner Nahrungsmittel mit ihnen teilen würden. Aber in Panyido gab es nur noch mehr hungrige Gesichter und verzweifelt um Hilfe rufende Menschen. Es gab keine Nahrungsmittelvorräte und keine Katastrophenhelfer.

Manche Flüchtlinge, von Kopf bis Fuß mit weißem Staub bedeckt, sanken hilflos zu Boden und blieben so liegen. Andere, die noch Kraftreserven hatten, wandten sich dem schier endlosen Strom von Menschen aus dem Busch zu und halfen ihnen über den Fluss.

Die Tage vergingen und Hunderte von neuen Flüchtlingen kamen hinzu, aber weder von der äthiopischen Regierung noch vom Hohen Flüchtlingskommissariat der Vereinten Nationen (UNHCR) kam Hilfe – trotz der Gerüchte, Katastrophenhelfer würden so bald wie möglich mit Nahrungsmitteln und Medikamenten eintreffen. Als der Hunger immer stärker wurde und wir viele Tage lang nichts zu essen bekommen hatten, gingen die, deren Kraft noch reichte, auf die Jagd. Ein paar andere schleppten sich in nahe liegende Dörfer und kehrten mit den kargen Vorräten zurück, die sie gegen Kleidungsstücke eintauschen konnten.

In Panyido gab es nur eine staubige rote Straße, die das Camp mit Itang, einem anderen Lager, verband; dort hatten sich die ersten Flüchtlinge niedergelassen. Alle starrten immer wieder auf diese Straße, aber das erhoffte Motorengeräusch nahender Lastwagen blieb aus. Jeder musste mit seinem eigenen Leid und dem seiner Familie und Verwandten fertig werden.

Im Lager war es brütend heiß. Ich erinnere mich an die schattigen Plätze unter den Bäumen. Sie waren mit Menschen bedeckt, lebenden und toten.

Onkel Atem und ich fanden ein freies Fleckchen unter einem Marulabaum und suchten dankbar Schutz vor der sengenden Sonne. Abends legten wir uns wie die anderen im Freien zum Schlafen. Manche waren zu schwach, um ihren Platz unter den Bäumen wieder zu verlassen. Morgens wurden die Toten fortgetragen und begraben.

Ich vermisste meine Mutter und meinen Vater so und verstand nicht, warum sie nicht bei mir waren. Die Augen eines toten Mannes starrten mich an. Sie waren groß und klar, aber konnten nichts mehr sehen.

Monate vergingen, ohne dass Nahrungsmittel eintrafen. Mittlerweile hatten zu wenige noch Kraft für die Jagd, um das

Leben der Verhungernden zu erhalten. Dann, eines Morgens, kamen äthiopische Soldaten mit einem kleinen Hilfstransport. Tausende von uns hörten plötzlich das laute Tuckern eines Traktors. Er war grün-schwarz gestreift und zog einen roten Anhänger, auf dem Säcke mit Mais gestapelt waren.

Essen! Man hörte Freudenschreie und verzweifeltes Stöhnen.

Als der Traktor zum Stehen kam, rissen Hunderte Hände die Ladung vom Hänger. Maiskörner quollen aus aufgeplatzten Säcken und rieselten auf die Erde. Die, die noch stark genug waren, bemächtigten sich der unversehrten Säcke. Sollten die Schwachen doch die Körner vom Boden sammeln – auch wenn sie dabei wegen des Ansturms zu Tode getrampelt wurden.

Männer und Frauen krochen auf dem Boden herum und aßen den trockenen Mais roh. Die Kranken flehten die Umstehenden an, sie zu füttern. Einem Mann gab man Körner in den Mund, aber er schaffte es nicht, sie zu zerkauen. Er gab den Versuch auf und starb vor den Augen seiner Familie. Sie brach in lautes Wehklagen aus.

An jenem Tag brachte der Traktor drei Ladungen. Eine Woche lang setzten sich diese Lieferungen fort – ein Segen, der zum Fluch werden sollte. Sich nach Monaten der Unterernährung so leichtsinnig vollzustopfen, verursachte heftigen Durst, und die Menschen drängten zum Fluss. Manche waren jedoch so schwach auf den Beinen; bei dem Versuch, auf den Knien zu trinken, fielen sie vornüber ins Wasser und ertranken. Viele andere starben qualvoll an Cholera, weil das Wasser durch die Kranken und Toten bereits verseucht war.

2 Einen Sack als Decke

GOTT ALLEIN WEISS, wie ich dem Tod in jenem Flüchtlings-lager entkam. Auch Onkel Atem überlebte. Er, der mich den ganzen Weg nach Panyido getragen hatte, fühlte sich auch hier für mich verantwortlich. Er stellte Regeln auf, denen ich zu folgen hatte. „Auch wenn du sehr durstig bist", warnte er mich, „trink nicht mehr als einen Schluck Wasser auf einmal."

Ich durfte nur dann trinken, wenn das Wasser von ihm kam – meistens dreimal am Tag: morgens, nachmittags und abends. Immer wieder boten unsere Nachbarn mir von ihren Vorräten an, aber er verbot mir, davon zu trinken. Er hatte Angst, es könnte verseucht sein. Unser Wasser filterte er durch sein Hemd, um den silbrigen Staub darin aufzufangen, und füllte es in einen alten Kanister.

Jeden Morgen fragte er mich, ob ich Durst hätte. Dann kipp-te er den Kanister so an, dass ich daraus trinken konnte. Eine Tasse besaßen wir nicht. Gab es zuwenig Nahrung, verbot er mir, meinen Magen mit Wasser zu füllen, bis er etwas zu essen auftreiben konnte. Aber auch nachdem ich etwas Mais gegessen hatte, erlaubte er mir immer nur einen einzigen Schluck. Ich beklagte mich immer, dass ich schrecklichen Durst hatte. Ich weinte und rief nach meiner Mutter, aber vergeblich.

Auch den Mais teilte mein Onkel sehr sorgfältig ein. Oft gab er mir nur ein paar Körner und hob den Rest für später auf. Häufig verzichtete er sogar auf seine eigene Ration, damit ich am nächsten Tag noch etwas zu essen hatte. Trotzdem jam-merte ich immer wieder, wie hungrig und durstig ich sei.

Erst als ich älter war, lernte ich die Umgebung und deren Bewohner kennen. Da wurde mir klar, wie weit Onkel Atem gelaufen sein musste, um Dorfbewohner zu finden, die etwas von ihrem Mais abgaben. Welchen Aufwand hatte er getrie-ben, um die Körner für mich zu kochen oder zu rösten! Immer häufiger sah ich mit an, wie Flüchtlinge qualvoll starben, nachdem sie zu viel rohen Mais gegessen oder Wasser mit dem silbrigen Film darauf getrunken hatten. Da wurde mir bewusst, dass mein Onkel mir das Leben rettete.

Abends, wenn die Hitze nachließ, ging Onkel Atem mit mir und meinen Cousins Dut und Yaac zum Fluss hinunter. Wir liefen stromaufwärts, um die Menschenmenge – Badende und Kranke – und die Verseuchung zu umgehen. Ich weiß noch, wie klar das Wasser dort war. Wenn man bis zur Hüfte im Fluss stand, konnte man die Füße immer noch deutlich sehen. Wie Diamanten glitzerte der silbrige Staub im Flussbett.

„Seid vorsichtig!", ermahnte Onkel Atem Dut und Yaac. „Das Wasser darf nicht aufgewühlt sein, wenn ihr den Kanister füllt. Sonst kommt das silbrige Zeug hoch."

Ich weiß noch, wie mich Onkel Atem am Fluss wusch und dann im Flüchtlingslager mit einem Sack zum Schlafen zudeckte. Es war der Einzige, den wir hatten.

3 Hilfskonvois

TÄGLICH KEHRTEN DIE Traktoren mit Hilfsgütern zurück, aber es waren nicht genug, um alle Bewohner im Lager Panyido zu ernähren. Männer, Frauen und Kinder starben Tag um Tag, Stunde um Stunde. Ich sehe noch die Hungrigen und Kranken vor mir, wie sie weinten, wie sie voller Verzweiflung nach ihren Angehörigen riefen, die entweder im Krieg umgekommen oder im Flüchtlingslager verhungert waren. Ein alter Mann wiederholte in einem fort, er wäre lieber vor Ausbruch des Krieges gestorben. Er flehte Gott an, ihn zu erlösen, damit er nicht länger all das Leid mitansehen müsse. Später an dem Tag hörte ich, wie einige über seinen Tod sprachen. „Er hat es so gewollt", sagten sie.

Die Traktoren brachten keinen Frieden nach Panyido. Tag und Nacht hörte man Menschen vor Schmerzen schreien, bis sie entweder vor Erschöpfung eingeschlafen oder gestorben waren. Danach begann woanders jemand seine Klage. Mitten in der Nacht wurden die Toten zusammengelegt, damit sie am nächsten Morgen in den Wald getragen und dort in einem flachen Grab verscharrt werden konnten. Trotzdem hing über dem Lager immer der süßliche Gestank der Verwesung.

Verwandte von Kranken mühten sich, diesen zu helfen. Aber oft waren die Sterbenden schon so schwach, dass man unmöglich verstehen konnte, was sie flüsterten. Die selbst unter schwerem Hunger leidenden Verwandten konnten nur die verkrampften Hände der Sterbenden halten und ihrem Murmeln lauschen. Diese Menschen hatten längst begriffen, dass der Krieg für ihr Leid verantwortlich war. Sie hatten sich damit abgefunden, dass sie diese Zeit nicht überleben würden.

Eines Abends passierte etwas Ungewöhnliches. Neben dem trauervollen Stöhnen der Sterbenden hörte ich plötzlich Beifall. Leute klatschten in die Hände und lachten! Ich sah einen Sterbenden sich erheben und klatschen, dann noch einen.

„Was ist los?", fragte jemand.

„Ich weiß nicht", antwortete ein anderer. „Wo hat es denn angefangen?"

Vielleicht war es eine Geschichte, die jemand erzählt hatte. Vielleicht ein Gespräch, das jemand mitbekommen hatte. Was immer es war – in dieser Nacht herrschte ausgelassene Freude im Lager, und wir alle, die am Leben waren, dankten Gott für das Glück, fröhlich sein zu dürfen.

Drei Tage später sahen wir zur Mittagszeit erstaunt, wie ein Lastwagen anstelle des Traktors ins Flüchtlingslager gefahren kam. Er konnte viel mehr Ladung transportieren und brachte sie fortan dreimal täglich zu uns. Noch immer waren wir unterernährt, aber das Verhungern hatte ein Ende.

Allmählich erholten sich die Überlebenden. Verschiedene Gruppen organisierten sich und bestimmten Anführer. Diese nahmen die Nahrungsmittel von den Lkws entgegen und verteilten sie unter ihren Leuten. Sie achteten darauf, dass auch die, die nicht mehr um ihr Essen kämpfen konnten, einen Teil abbekamen.

Dann, eines Tages, tauchten unvermittelt in zwei Geländewagen äthiopische Katastrophenhelfer auf. Der Schock stand ihnen ins Gesicht geschrieben, als sie sahen, unter welchen Bedingungen eine so große Menschenmenge lebte, in welcher Hungersnot, in welchem Leid. Sie verteilten das wenige Essen, das sie dabeihatten, an besonders bedürftig aussehende Lagerbewohner; sonst konnten sie aber an diesem Tag wenig ausrichten. Ohne jeden Kommentar fuhren sie wieder weg. Am nächsten Tag jedoch kam ein Konvoi mit siebzehn großen Fahrzeugen, die mit verschiedensten Nahrungsmitteln beladen waren.

Das Leben war wieder gut! Noch während die ersten Lastwagen sich den Weg durch den Menschenauflauf bahnten und einen Platz zum Parken suchten, drängten sich die Ersten auf die Ladefläche, um die Kisten zu öffnen. Es gab alle möglichen Sorten Essen und Früchte in Konserven! Mangos! Sogar Erdnüsse! Hunderte von hungrigen Männern kletterten hastig auf die Lkws und rissen einen Teil der Schwächeren wieder herunter. Einige von ihnen wurden unter der Menschenmenge begraben und zertrampelt.

Männer, Frauen und Kinder, die gerade noch am Rande des Verhungerns gestanden hatten, starben nun, weil sie zu viel auf einmal aßen. Vielen war nicht bewusst, dass zügelloses Essen nach einer langen Hungerperiode zu schweren Magenproblemen und sogar zum Tod führen konnte. Außerdem verursachte es Durst, und nicht wenige vergaßen vor Aufregung die Gefahr einer Choleraerkrankung. Wieder war es mein Onkel, der mich und meine Cousins rettete. Oft hatte er über das Leben im Flüchtlingslager zu uns gesagt: „Gott selbst wird uns mit allem Nötigen versorgen, aber wir müssen sorgsam damit umgehen. Gott hilft denen, die sich selbst helfen."

Er ging sogar so weit, dass er mich festband, wenn er das Lager verlassen musste. Meinen Cousins schärfte er ein, mir nichts zu essen zu geben, solange er fort war. Sie nahmen seine Anweisungen sehr ernst, und ich musste sehr überzeugend betteln, bis sie mir wenigstens einen Schluck Wasser gaben.

Jetzt, wo das Nahrungsproblem vorerst gelöst war, richteten die Katastrophenhelfer ihre Aufmerksamkeit auf die hygienischen und medizinischen Verhältnisse. Drei Ambulanzen wurden eingerichtet. Unter großen Bäumen richtete man einen Ort für die Kranken und Unterernährten ein, um die sich sonst niemand kümmerte. Von überall wurden sie herbeigetragen und im Schatten der Bäume niedergelegt. Zwei Container voller Nahrung waren für sie reserviert worden. Diese wurden geöffnet und Köche speziell für sie eingeteilt.

Zwar gab es nun genug Essen für die Kranken, aber viel zu wenige Helfer, die sie füttern oder sich um ihre sonstigen Leiden kümmern konnten. Wie Holzscheite aufgereiht lagen sie verlassen da; Lebende zwischen Toten.

Eine Abteilung Soldaten, die nicht weit von uns entfernt stationiert war, organisierte die täglichen Begräbnisse. Jeden Morgen kamen sie, versammelten die kräftigeren Männer im Lager und wiesen sie an, die Leichen aus dem Lager zu tragen und zu beerdigen. Zwei Männer pro Leiche. Niemand verrichtete diese Arbeit gern, aber die Soldaten bestanden um der Hygiene willen darauf.

Die Katastrophenhelfer gaben sich alle Mühe, unser Los erträglicher zu machen; sie wohnten aber selbst nicht im Lager. Es kamen nach wie vor Hilfstransporte. Aber die Cholera und andere Krankheiten forderten immer noch ihren Tribut. Für die Ambulanzen wurde eine große Anzahl riesiger weißer Zelte geliefert. Davon wurden aber nur wenige aufgebaut, weil zum einen keine Regenzeit war und zum anderen die Bäume genügend Schatten boten.

Es gab nun Mais in Hülle und Fülle. Die Versorgungslage war inzwischen stabil; auch das Verhältnis zu den Äthiopiern war gut. Daher machten sich die Oberhäupter daran, etwas für die vielen Waisen und Kinder zu tun, die beim Angriff auf die Dörfer von ihren Eltern getrennt worden waren. Sie beschlossen, alle Kinder ohne Angehörige von den restlichen Flüchtlingen zu trennen, um sie besser beschützen und für sie sorgen zu können – zumindest bis die glücklicheren unter ihnen ihre Familien wiederfinden würden. Die Erwachsenen, die sich bis jetzt im Lager um solche Kinder gekümmert hatten, wurden gebeten, diese zu bringen. Unter einem großen Baum wurden sie gesammelt und nach Geschlecht in zwei Gruppen geteilt. Die Jungen waren in der Überzahl (es gab gut dreitausend von ihnen) und wurden an eine Stelle etwa fünf Minuten Fußmarsch vom Lager entfernt gebracht. Die vielleicht fünfhundert Mädchen ohne Familie bekamen in der Mitte des Lagers einen Platz.

Ich hatte Glück und musste mich den anderen Jungen nicht anschließen. Denn ich hatte noch meinen Onkel Atem.

4 Mein Onkel verschwindet

ICH WUSSTE NICHT, dass die Regierung des Südsudan in Äthiopien ein militärisches Ausbildungslager errichtet hatte. Und ich ahnte nicht, dass die Sudanesische Volksbefreiungsarmee begonnen hatte, alle körperlich tauglichen Männer zu mobilisieren. Der Sudan brauche seine Männer, sagten die Rekrutierer der SPLA. Jeder habe die Pflicht, den Kampf fortzuführen. Auch wer sich auf äthiopischen Boden gerettet habe, sei nicht von dieser Pflicht befreit.

Onkel Atem folgte nicht dem Ruf zu den Waffen. Aber eines Tages war er plötzlich verschwunden. Hunderte andere Männer fehlten ebenso. Ich hatte davon nichts mitbekommen, weil sich meine Cousins und Freunde um mich kümmerten – wie immer, wenn Onkel Atem unterwegs war. „Heute Abend ist er bestimmt wieder zurück", versicherten sie mir. Aber er kam nicht.

Erst einige Tage später verriet mir mein Cousin Yaac: „Onkel Atem ist zum Militärlager gegangen, um sich ein Gewehr zu holen. Damit will er zurück in die Heimat und nach Mama und Papa suchen. Hab keine Angst. Ich soll mich um dich kümmern, bis er wiederkommt."

Er gab sich alle Mühe, einen Monat lang. Mittlerweile waren aber so viele Kinder von ihren männlichen Angehörigen zurückgelassen worden, dass neue Maßnahmen ergriffen werden mussten. Eine große Anzahl Jungen wurde gesammelt und zu einer neuen Gruppe formiert: den „Kleinen". Unser Alter reichte von drei bis zehn.

Bisher war ich in Panyido ein geliebtes Mitglied der Familie meines Onkels gewesen. Jetzt fand ich mich in einer ganzen Herde von kleinen Kindern wieder. Ich kam mir völlig verloren vor. Es waren so viele! Wir sollten uns in Zweierreihen aufstellen und geordnet zu dem Ort laufen, der das neue Kinderflüchtlingslager darstellte. Ich konnte weder den Anfang noch das Ende der Reihen ausmachen. Ohrenbetäubender Kinderlärm erfüllte das Lager. Die einen weinten, andere stritten mit den Erwachsenen. Der Fußmarsch vom Flüchtlingslager zu unserem neuen Gelände sollte nur fünf Minuten dauern. Wir brauchten mehrere Stunden.

Sobald wir unser Ziel erreicht hatten, sagte einer der Helfer: „Hört her, Kinder, ich möchte, dass ihr euch in Zehnergruppen auf den Boden setzt. Wir haben hier Essen für euch."

Das Essen konnten wir sehen: In einem großen Fass, das aufgeschnitten und halbiert worden war, stand es bereit. Aber Zehnergruppen? Ein großes Durcheinander begann. Wir konnten ja nicht bis zehn zählen! Einige Kinder weinten, weil sie nicht verstanden hatten, was die Aufgabe war. Zu guter Letzt mussten die Erwachsenen uns selbst in Gruppen aufteilen.

Wir begriffen: Sie wollten so verhindern, dass sich alle gleichzeitig auf das Fass stürzten. Leere Maissäcke wurden in Stücke gerissen und auf dem Boden verteilt. Immer zehn Jungen wurden aus der Schlange abgezählt und um ein Stück Sack gesetzt. Diese Sackteile sollten beim Essen als eine Art Gemeinschaftsteller dienen.

Einige brachten nichts herunter, obwohl sie hungrig waren. Manche schubsten habgierig die anderen in ihrer Gruppe vom Essen weg und beanspruchten es für sich allein. Die zu Höflichkeit Erzogenen starrten erschrocken auf die, die drauflosrangelten. Es reichte leider nicht, um alle satt zu bekommen, aber die Helfer gaben sich alle Mühe, dass auch die Jüngsten und Schwächsten ihren Anteil bekamen.

Als Nächstes mussten Vorkehrungen für die Nacht getroffen werden. Ein paar Einfallsreiche hatten sich vorher bereits aus alten Säcken Hosen und Oberteile gemacht. Die meisten von uns besaßen jedoch weder etwas zum Anziehen noch Bettzeug. Unsere Betreuer befahlen uns daher, dass jeder sich einen Platz am Boden freiräumen und eine Kuhle graben solle, um darin zu schlafen. Wir hatten aber nichts, um das hohe Gras abzuschneiden. Also mussten die Erwachsenen, die sich schon den ganzen Tag mit uns abmühten, für uns das raue Grün mit bloßen Händen ausreißen. Schließlich war eine Fläche freigelegt, die für alle Kinder reichte.

Die Dunkelheit brach herein. Einige wärmten sich an einem großen Lagerfeuer, das die Betreuer für uns entfacht hatten. Andere waren noch dabei, ihre Bettmulden zu graben. In meiner harten Kuhle weinte ich mich in den Schlaf. Ich fühlte mich elend und einsam. Nicht eins der anderen Kinder kannte ich. Manche sprachen zwar meine Sprache, Dinka, aber ihre Dialekte klangen fremd in meinen Ohren.

Den anderen Kindern erging es nicht besser als mir. Sie waren genauso aufgewühlt und unruhig wie ich. In einer Ecke wachte ein Junge auf und rief nach seiner Mutter. Ein anderer schreckte im Traum hoch und stolperte wild über die hinweg, die um ihn herum schliefen. Ein Betreuer versuchte den zu trösten, der nach seiner Mutter gerufen hatte. Der Rest von uns hatte niemanden, an dem wir uns hätten festklammern können.

Als der Morgen dämmerte, konnten wir nichts weiter tun, als unser Gelände weiter von wildem Pflanzenwuchs zu befreien. Zur Frühstückszeit wies man uns an, eine Schlange zu bilden. Es war das reine Chaos. Jeder kämpfte um seine Ration Getreide. Wer stark war, drängelte sich vor. Die Ersten in der Schlange schlugen sich gegenseitig die Hände vom Essen weg. Wer eine Handvoll Getreide ergattert hatte, eilte davon und wurde von anderen verfolgt, die es ihm streitig machen wollten.

So kämpften wir ums Überleben. Jeder war sich selbst der Nächste. Wie viel man bekam, lag an einem selbst. Wir vergaßen, an unsere Mütter zu denken. In den Köpfen gab es nur eins: Essen.

Die Erwachsenen hätten uns das Leben in dieser feindseligen Umgebung leichter machen können. Sie hätten nur ein paar grundlegende Regeln durchsetzen müssen. Stattdessen ließen sie uns zumindest die erste Zeit schalten und walten, wie wir wollten. Weil es keinen geeigneten Behälter für Wasser gab, schloss sich an den harten Kampf ums Essen der lange Marsch zum Fluss an. Wir hatten keine andere Wahl. Nur die jüngsten und schwächsten Kinder bekamen im Lager zu trinken. Die Größeren durften den Tag über bis zur Abenddämmerung am Fluss bleiben. Danach war die Säuberung des Lagers dran. Wer sich durchsetzen konnte, gelangte beim anschließenden Abendbrot in den Besitz von etwas *Phutu*, festem Maisbrei. Dem Rest blieb nichts anderes übrig, als sich mit leerem Magen schlafen zu legen und auf den Morgen zu warten.

Mittlerweile gab es wöchentliche Maislieferungen. Ein paar Wagemutige von uns schafften es, sich leere Säcke zu besorgen. Sie dienten uns als Zudecken und Teller. Wer einen Sack besaß, passte gut darauf auf, denn Unaufmerksamkeit wurde mit baldigem Diebstahl bestraft. Die Katastrophenhelfer brachten uns Wasserkanister; aber noch immer hatten wir keinerlei Essgeschirr.

Immer mehr Erwachsene und Jugendliche verschwanden im Militärlager. Gerüchten zufolge war auch die ganze Abteilung, zu der mein Cousin Yaac zählte, dabei. Ich habe ihn nie wieder gesehen.

Inzwischen übernahmen wir immer mehr Aufgaben von den Betreuern: Jeden Morgen wurden verschiedene Gruppen eingeteilt. Die einen holten Wasser fürs Kochen vom Fluss. Andere sollten auf die kleinen Kinder aufpassen, die das Lager nicht ohne Begleitung verlassen durften. Die stärksten, lebhaftesten Jungs wurden zu Anführern erklärt. Sie passten auf, dass jeder seine Aufgaben erledigte. Morgens und nachmittags organisierten sie die Abstecher zum Fluss; am Flussufer herumzulungern, war mittlerweile verboten. Die Anführer waren auch für die Hygiene zuständig und überwachten die Abgrenzung der Bereiche, die als Latrine verwendet wurden. Um den Krankenbereich und die Essensausgabe kümmerten sich die wenigen Erwachsenen, die noch übrig waren. Sie gaben acht, dass den kranken Kindern nicht die Rationen gestohlen wurden.

Noch immer hatten wir keinen Unterschlupf, und kein Strohdach bot uns Schutz vor der Sonne. Also wurde entschieden, dass wir uns an den Bau einer Hütte machen sollten. Man gab uns Sicheln und Hölzer mit geschärften Kanten. Außerhalb des Lagers sollten wir hohes Gras abschneiden. Nachdem wir eine große Menge davon eingesammelt hatten, schickte man uns auf die Suche nach Buschseil.

Unsere Betreuer merkten aber bald, dass diese Aufgabe für manche Kinder zu schwer war, und teilten uns auf. Die Kleinen mussten Wasser schleppen und das Lager sauber halten. Die Zehn- bis Vierzehnjährigen streiften durch den Regenwald und besorgten Seilpflanzen. Übrig blieben die Kleinsten, die unter den Bäumen auf die Rückkehr der anderen warteten. Dann gab es Mais- oder Sorghumbrei (eine Hirseart; d. Übers.).

Unser Speiseplan bot keine Abwechslung. Er bestand nur

aus Sorghum und Mais. Auch der Duft und Geschmack unseres Essens war stets derselbe: Diesel. Die große Maschine, mit der das Getreide gemahlen wurde, war dieselbetrieben. In jedem Bissen war das schwache „Aroma" des Kraftstoffs zu schmecken.

Nach kurzer Zeit hatten wir genügend Seile für das gesammelte Gras; bevor wir aber etwas bauen konnten, brauchten wir noch Pfähle. Nur Erwachsene konnten dafür geeignete Stämme hauen – aber sie waren alle bei der Armee. Eines Tages dann kam eine Gruppe Äthiopier mit einigen Pfählen zu uns und bot ihre Hilfe beim Bau der Unterkünfte an. Weil diese aber nicht für beide Gruppen von Kindern reichten, blieb die Arbeit liegen. Erst einige Neuankömmlinge im Hauptlager konnten uns weitere Pfähle machen und den Bau in Angriff nehmen.

Um die Essensverteilung zu vereinfachen, hatte man uns inzwischen in Abteilungen zu je fünfhundert Jungen aufgeteilt. Jede Abteilung bekam eine lang gezogene Dreieckshütte. Sie bestand aus einem Strohdach, das auf Pfählen stand. Der Platz reichte gerade so für uns aus. Wir konnten nun endlich unter einem Dach schlafen. Wenn es nachts regnete, blieben aber nur die trocken, die in der Mitte lagen.

Kaum hatten wir die Hütten fertiggestellt, waren weitere Unterkünfte notwendig. Immer mehr Kinder kamen zu uns. Eine dritte Gruppe für Jungen wurde eröffnet. Achtzehn Erwachsene waren dafür eingeteilt, auf uns aufzupassen. Bald gab es sieben solcher Gruppen, dann acht …

Mein Cousin Dut war in derselben Gruppe gelandet wie ich. Er gehörte zur Abteilung 6. Ich war in der Abteilung 1. Deshalb begegneten wir uns kaum.

5 Roter und weißer Staub

ZWEIEINHALB JAHRE WAREN vergangen, seit ich in Panyido angekommen war. Ich war jetzt fünf oder sechs Jahre alt. Wir wuchsen langsam heran und hatten viel gelernt. Kleine Kinder, die zu Beginn hilflos herumgestanden hatten, arbeiteten inzwischen genauso hart wie die anderen. Ich war mittlerweile stark genug geworden, einen Fünf-Liter-Kanister zu schleppen. Also rannte ich jeden Morgen zum Fluss. Ich gehörte zu der Gruppe, die die Köche mit frischem Wasser versorgen musste.

Panyido war so heiß und staubig wie immer. In manchen Bereichen war der Staub weiß, in anderen rot. Man konnte schon anhand der Farbe der Füße erraten, wo ein Besucher herkam. In unserem Kinderlager war der Staub weiß. Ich weiß noch, wie wir uns über Jungen lustig machten, die aus den umliegenden Dörfern kamen. Der Weg zum Fluss führte sie durch unser Lager. Meist waren es Waisen. Sie durften zwar bei einer Familie wohnen, mussten dort aber die niedrigsten Arbeiten verrichten. „Sklave!", spotteten wir. „Was willst du hier?"

„Ich bin kein Sklave! Ich gehöre auch hier zum Lager", hörten wir oft als Antwort.

„Lügner! Guck deine roten Füße an!"

Dann wurde unsere Routine plötzlich durcheinandergeworfen. Die Verwalter des Lagers hatten beschlossen, die Gruppen neu zu ordnen. Sie begründeten diesen Schritt mit der ungünstigen Altersverteilung. In den Gruppen sieben und acht etwa waren alle Kinder sehr jung und konnten nicht auf sich selbst achten. Also wurden zuerst die Gruppen eins bis vier zusammengebracht. Sie wurden durchmischt und wieder neu aufgeteilt. Dasselbe geschah mit den Gruppen fünf bis acht. Zuerst waren wir einigermaßen verwirrt; Mitglieder aus unserer alten Gruppe, die unsere festen Freunde geworden waren, waren nun plötzlich verschwunden. Aber nach und nach entstanden neue Freundschaften.

Dut war wieder da! Mein Cousin Dut Mayout! Still und schwächlich war er geworden. Er litt unter irgendeiner Krankheit, die ihm starke Schmerzen verursachte. Ich sehe seinen Mund vor mir: verkrustete Lippen, rot und trocken. Weil es kein Krankenhaus gab, konnte ihm niemand helfen. Ich liebte ihn über alles, schließlich war er der letzte Verwandte, den ich noch hatte. Aber auch ich konnte nichts für ihn tun, außer ihm ein guter Freund zu sein.

Die Erwachsenen richteten ihre Aufmerksamkeit nun auf die Schulbildung. Wir sollten das Alphabet lernen! Es wurde nach einem Lehrer gesucht, wobei es reichte, wenn er selbst eine englischsprachige Schule besucht hatte. Ein Mann mit Namen Bol Deng Tach meldete sich. Aus den umliegenden äthiopischen Dörfern kamen auch einige freiwillige Lehrer. Weil wir sie aber nicht verstanden, gingen sie wieder.

Wir hatten keine Schulhefte, keine Stifte und keine Tafel. In unserer Abteilung gab es mehr als fünfhundert Jungen und nur einen Lehrer.

Bol Deng Tach stellte sich vor uns und begann laut zu singen. „ABCD ... EFGH ... IJKL ... MNOP ... QRST ... UVW ... XYZ." Das machte Spaß! Wir stimmten mit ein.

Als Nächstes schrieb er den Buchstaben A auf den Karton einer Medikamentenlieferung und suchte ein paar Jungen aus. Dann brachte er ihnen bei, wie man ihn im Sand schrieb. Sobald sie ihn einwandfrei nachmalen konnten, gab er ihnen die Anweisung, zur nächsten Gruppe zu gehen und ihr dasselbe beizubringen. Sie mussten sich damit das Recht verdienen, den Buchstaben B zu lernen.

Während die erste Abteilung das B übte, überprüfte der Lehrer den Fortschritt der zweiten Gruppe beim A. Als er zufrieden war, schickte er sie wiederum zu den Nächsten. Bald waren Kinder überall eifrig dabei, Buchstaben auf den Boden zu malen. War unser Lehrer aber einmal nicht zufrieden, wurde man vom B zum A zurückgestuft. Andere hatten inzwischen erfolgreich das C, dann das D, und schließlich Z erreicht!

Sobald wir die Großbuchstaben gelernt hatten, fingen wir im gleichen System mit den kleinen Buchstaben an. Danach lernten wir, Tiernamen, Orte und Dinge zu buchstabieren. Manche Schüler durften mit Kohle auf amerikanische USAID-Kisten schreiben. Außerdem bekamen wir Schulbücher – auf Englisch. Nur die Kinder, die absolut nicht hinterherkamen, erhielten andere Aufgaben. Sie mussten Schemel für die Lehrer bauen oder Feuerholz sammeln.

Eine schulische Bildung zu bekommen, bedeutete sehr viel für mich. Ich erinnere mich an ein Gespräch mit Marco Akec Deng, mit dem ich damals nachts eine Decke teilte.

„Lass uns für immer wie Brüder sein", sagte er. „Du und ich."

„Ja", antwortete ich. „Ich bin für dich da und du für mich. Deine Probleme sind immer auch meine Probleme."

„Und deine sind meine."

„Ich möchte noch mehr lernen", sagte ich.

„Ich auch. Für unsere Zukunft."

Es gab immer viel zu tun. Das Lager wurde stetig verbessert. Ab und an kamen Spender zu Besuch, und wir lernten, sie mit Liedern auf Englisch willkommen zu heißen: „Willkommen, willkommen, UNHCR! Willkommen, Bevollmächtigte aus Amerika!"

Sie brachten Decken mit, Kleidung, Kochgeschirr und Werkzeug. Jeder Junge bekam jetzt eine Decke, eine Hose und ein T-Shirt. Wir waren alle aufgeregt. Jetzt konnte man überall schlafen! Man musste nur seine Decke bei sich haben. Leider waren manche Kinder noch zu jung, um selbst auf ihren Besitz zu achten. Sie büßten ihn prompt wieder ein, manche noch am selben Tag. Hier und dort brach Gerangel aus. „Das ist meine Decke! Ich habe sie hier liegen gelassen und war unten am Fluss!" Die Starken beraubten die Schwachen. Diese wiederum warteten auf die nächste Essenszeit, um sich bei jemand anderem zu bereichern, der in der Schlange stand und nicht aufpassen konnte. Die Freude währte aber höchstens ein, zwei Tage.

Dann war der Besitz in einem unachtsamen Moment wieder verschwunden.

Eines Tages wurden Schreibmaterialien geliefert. Immer drei Jungen sollten sich ein Übungsheft und einen Bleistift teilen. Manche hielten es aber für eine Beleidigung, nur ein Drittel Übungsheft und ein Drittel Bleistift zu haben. Sie nutzten die Regelung als Vorwand, die Schule zu schwänzen und bei den Erwachsenen mitzuarbeiten.

Bald darauf sollten neue Unterkünfte und auch Klassenräume gebaut werden. Dass wir Kinder dabei helfen durften, hatte vielleicht damit zu tun, dass man uns so vom Gedanken an unsere Mütter ablenken wollte. Jedenfalls bekamen wir alle neue Aufgaben zugeteilt, als der Schulunterricht vorerst beendet war. Die älteren Jungen wurden in den Wald geschickt, um dort hohe, schlanke Bäume zu fällen. Hierfür wurde ihnen eine Axt zur Verfügung gestellt. Viele konnten aber nicht warten, bis sie damit an der Reihe waren, und bearbeiteten die Baumstämme mit scharfen Steinen. Nicht wenige Bäume wurden auf diese Art und Weise zu Fall gebracht. Wir Jüngeren trugen sie dann ins Lager und halfen, sie mit Schlingpflanzen aneinanderzufügen. Wenn das Gerüst für Unterkünfte und Klassenräume fertig war, halfen wir, es aufzurichten. Danach drückten wir Grasbündel flach und knüpften sie an das Gerüst; so entstanden Wände und Dächer. Diese ganze Arbeit verrichteten wir selbstständig. Nur wenn etwas zu schwer war, kamen Erwachsene und halfen uns.

Mittlerweile galt im Kinderlager militärische Disziplin. Jede Gruppe wurde von sechzehn Erwachsenen geleitet; jeweils zwei davon waren für eine Abteilung zuständig. Wir nannten sie unsere Lehrer. Jede Abteilung arbeitete als ein großes Team. Wir wählten Anführer aus, die für die kleineren Jungen verantwortlich waren. Jeden Morgen befahlen sie uns, anzutreten. Das galt selbst für die Allerkleinsten. Dann verteilten die Lehrer Aufgaben je nach den Möglichkeiten der Jungen. Die Kinder, die zum Arbeiten zu klein waren, durften mit den Kranken im

Lager bleiben. Nach dem Mittagessen mussten wir uns im Lager oder in dessen Nähe nützlich machen. Wir machten sauber oder räumten auf. Waren diese Aufgaben erledigt, durften wir für ein kurzes Bad zum Fluss hinuntergehen. Danach kamen das Abendessen und die Nachtruhe. Die Regeln waren sehr streng, wir begriffen aber, dass sie notwendig waren.

Schließlich hatte jede Abteilung achtzehn Hütten gebaut. Sie waren im Kreis um eine Küche herum errichtet. Dazu gehörte auch eine Hütte für den Lehrer, die jeweils in der Nähe des Lagerraums stand. Als Nächstes trug man uns auf, zwei Klassenräume für uns zu bauen. Dabei entstand zwischen den Abteilungen ein fieberhafter Wettstreit: Die Schule, die als Erste eröffnen konnte, bekam das beste Schulmaterial, das das UNHCR bereitgestellt hatte. Den ganzen Tag trieben wir uns gegenseitig zur Eile an. Inzwischen mussten wir jedoch weite Strecken zurücklegen, um brauchbares Gras für den Bau zu finden. Oft gingen wir schon bei Tagesanbruch los. Nur so konnten wir zurück sein, bevor die Sonne und der Durst uns zu sehr zu schaffen machten.

Unsere Begeisterung für den Wettkampf, wer als erste Gruppe ihre Schule fertig hatte, schmolz aber bald dahin. Manch einer war irgendwann einfach zu erschöpft und konnte nicht mehr arbeiten. Andere weigerten sich, zusätzlich zu ihren Aufgaben noch Wasser zu holen. Ich war einer von ihnen. Kanisterweise Wasser zu schleppen, das war harte Arbeit. Ältere Jungen kamen immer mit uns und gönnten uns keine Pause. Stattdessen versetzten sie denen Schläge, die langsam oder widerwillig waren. Sie trieben uns immer weiter. Irgendwann waren wir sogar zu müde, um uns etwas daraus zu machen.

Zu guter Letzt waren die Schulgebäude fertig. Besucher kamen und waren erstaunt, dass kleine Jungen so gute Unterkünfte und Klassenräume selbst gebaut hatten.

Als die Schule wieder weiterging, wurden wir alle in die erste Klasse gesteckt. Diesmal waren genug Bleistifte und Übungshefte für alle da. Wieder übten wir unser Alphabet. Nach der

Schule hatte zwar jeder seine Aufgaben zu verrichten, trotzdem durften wir jetzt auch zusammen spielen. Aus Stofffetzen und Plastiktüten stopften wir uns Bälle und spielten Fußball. Abends legten wir uns dann über und über mit Staub bedeckt schlafen. Wir hatten ja keine Mütter, die uns zum Waschen hinunter zum Fluss geschickt hätten.

Eine der Lektionen, die wir lernten, war besonders hart: Wir bekamen den Befehl, dass alle Gruppen sich im Lager versammeln sollten. Aufgeregt strömten wir zusammen. Irgendetwas Wichtiges würde passieren! Überall waren Soldaten der SPLA; die Anführer in ihren schicken Uniformen sahen imposant aus. Die Soldaten hatten Lautsprecher mitgebracht und in die Bäume gehängt. Wir saßen in unseren Abteilungen und warteten, was passieren würde. Dann führte man sechs Männer an uns vorbei. Ich saß zu weit hinten, um das Erschießungskommando zu sehen, aber ich hörte, wie die Schüsse fielen. Eine Stimme bellte dazu aus den Lautsprecherboxen: „Lasst euch das eine Lehre sein!"

Später erfuhren wir, dass zwei der Männer für den Diebstahl von Waffen und Munition hingerichtet worden waren. Sie wollten sie an Straßenräuber verkaufen. Zwei andere waren wegen der Vergewaltigung einer Frau und ihrer Tochter mitten in Panyido angeklagt worden. Sie hatten den Tod verdient, sagten wir uns. Bis eine Woche später trotz Trockenheit eine Wolke am Himmel auftauchte. Ein einzelner Blitz fuhr aus der Wolke nieder und traf die Hütte, in der Mutter und Tochter wohnten. Sie brannte nieder und die beiden überlebten nur knapp.

Ich erinnere mich aber auch an gute Zeiten. Sie sind für mich fast alle mit einem bestimmten Jungen verbunden, der Cyer Maror hieß. Er war älter als ich, groß und dünn. Ein lustiger und geselliger Typ. Nach dem Abendessen unterhielt er uns mit neuen Witzen oder machte andere Leute nach. Er half uns, auch über uns selbst zu lachen. Dass er stotterte, sahen wir nicht als Behinderung. Vielmehr gab es ihm noch mehr Charakter.

Dann kam der Markt! In der Nähe unseres Lagers hatten Äthiopier Verkaufsstände errichtet. Es waren die Ersten, die wir in unserem Leben sahen. Sie übten auf Groß und Klein eine starke Anziehung aus. Bald lungerten in jeder Ecke Jungen und starrten auf Nahrungsmittel und andere Angebote. Hatte einer einen Leckerbissen erhascht, rannte er davon. Die Händler machten uns mit *Injera*, einem traditionellen äthiopischen Gericht, vertraut. Es war ein großes Fladenbrot aus Reismehl, das mit verschiedenartigem, scharf gewürzten Fleisch und Gemüse serviert wurde. Man riss ein Stück Brot ab und schob etwas duftende Mischung darauf. Dann formte man ein kleines Päckchen daraus und steckte es in den Mund.

Die Hauptattraktion der Verkaufsstände waren jedoch die gebratenen Maismehlkuchen. Sie waren knusprig und schmeckten vorzüglich. Die Händler tauschten sie gegen alles, was aus dem Flüchtlingslager kam und was wir regelmäßig erhielten: Sicheln, Äxte, Decken, Seife, Geschirr und Speiseöl. Wir plünderten unser ganzes Lager und stellten es komplett auf den Kopf auf der Suche nach Eintauschbarem. Unser Unterricht war völlig in Vergessenheit geraten.

Als die Lehrer mitbekamen, was vor sich ging, stellten sie aus jeder Abteilung hundertfünfzig Jungen ab. Diese sollten auf den Fußpfaden zum Markt patrouillieren. Wer beim Markt erwischt wurde, dem drohte eine Strafe. Eines Tages sah ich eine Gruppe älterer Jungen vom Markt zurückkehren. Sie rauchten Zigaretten und kauten etwas, was sie *Alawa luban* nannten. Es war Kaugummi. Auf einmal konnte ich der Versuchung nicht mehr widerstehen. Ich schaffte es, mich ungesehen an den Patrouillen vorbeizuschleichen. In meiner Hand hielt ich ein Stück Seife, dass ich eigentlich zum Waschen meiner Sachen bekommen hatte. Ein äthiopischer Händler sah, wie ich über die staubige Straße huschte, griff nach mir und zog mich zwischen zwei Verkaufsstände. Dann nahm er mir die Seife aus der Hand und legte zwei silberne Münzen hinein. Noch nie zuvor hatte ich Geldmünzen gesehen. Schnell rannte ich zum Verkaufsstand, der gegenüber lag. Bevor ich dem Händler jedoch klar machen konnte, was ich wollte, tauchten die Wächter auf. Sie beschlagnahmten mein Geld und brachten mich zu einem Baum, wo bereits eine Gruppe anderer Gefangener wartete. Die guckten genauso jämmerlich drein, wie ich mich fühlte. Wir wurden im Gänsemarsch ins Flüchtlingslager zurückgebracht; jeder musste sich am T-Shirt seines Vordermanns festhalten. Man führte uns in den Gefangenenbereich hinter Gruppe sechs.

Die Strafe war ein Tag und eine Nacht ohne Essen. Am nächsten Morgen gab man jedem von uns zehn Schläge mit einem Stock und ließ uns dann frei. Ich versuchte nie wieder, den Markt zu besuchen.

6 Santino

IN PANYIDO KAMEN die Animisten unter uns – wie ich – in Kontakt mit dem Christentum. Die Flüchtlinge, die Jesus Christus schon kannten, erzählten den anderen von ihrem Glauben. Es gab zwei Glaubensrichtungen in Panyido: die römisch-katholische und die evangelische. Beide Kirchen steckten sich unter einigen Bäumen einen Bereich als Kapelle ab. Sie stellten Bänke für die Gemeindeglieder auf. Von Anfang an zogen die Evangelischen mit ihren Liedern zwar mehr Anhänger an, aber auch die Katholiken waren beliebt: Sie hatten eine Station für Kranke und Verletzte errichtet.

Bald darauf beteten wir jeden Tag. Wir redeten mit Gott und breiteten vor ihm unser Leid und das unserer Heimat aus. Die Gottesdienste in den Kapellen waren gut besucht. Nicht nur, wer bereits Christ geworden war, ging hin. Ich entschied mich für die Sonntagsgebete der Katholiken. An der Katechese, der wöchentlichen Christenlehre, nahm ich aber nicht teil.

Von den Evangelischen wurde 1990 eine Großtaufe in Panyido organisiert. Als der besondere Tag anbrach, sammelten sich viele Kinder und Jugendliche unter den Bäumen. Aus vollem Herzen schmetterten sie mitreißende Lieder, die sie auf Dinka gelernt hatten. Ich konnte mich von dieser Feier nicht fernhalten. Ich musste sie sehen.

Aus einiger Entfernung beobachtete ich mit ein paar anderen Jungen, wie sich die Täuflinge aufstellten. Pfarrer sprachen mit lauter Stimme Gebete. Ich war fasziniert und verspürte den Wunsch, dabei zu sein. Die lange Schlange der Täuflinge kam nur schrittweise vorwärts; irgendwann ging ich zu einem der Organisatoren und fragte, ob ich auch getauft werden könne. „Da muss ich mich erst einmal erkundigen", gab er mir zur Antwort. „Diese Jungen haben nämlich ihre Christenlehre schon absolviert."

Er ging fort und sprach mit einem der Verantwortlichen. Dann kam er zurück und verkündete das Ergebnis: Weil es in absehbarer Zeit keine weitere Taufe gebe, dürfe heute jeder, der getauft werden wolle, daran teilnehmen. Die Katechese müsse man dann nachholen, sagte er. Ich war erfreut und stellte mich an, um registriert zu werden.

Endlich war ich an der Reihe. „Wie heißt du?"

„Aher Arop."

„Ich meine deinen christlichen Namen, Junge. So etwas wie Abraham, Daniel oder Jakob."

„Oh, ich würde gern Santo heißen", erklärte ich.

„Tut mir leid. Santo ist kein evangelischer Name", sagte der Mann und schüttelte den Kopf. „Du kannst nicht Santo heißen."

„Wenn ich nicht Santo heißen darf, dann will ich nicht getauft werden", erwiderte ich.

„Hör mal, hier ist eine Liste von Namen." Er las mir einige daraus vor. „Such dir einfach einen aus."

Ich war hartnäckig.

Schließlich gab er nach. „Von mir aus. Dann heißt du ab

jetzt Santino." Er schrieb den Namen auf ein kleines Stück Papier, damit ich ihn nie vergaß.

Und so kam es, dass ich auf den Namen Santino getauft wurde. Aber wer war ich nun wirklich? Aher – den Namen hatte mir meine Mutter gegeben – oder der Neue, Santino?

Einer meiner Freunde rief: „Santino, Santino!" Die anderen stimmten ein.

Meine Katechese holte ich viel später nach. Das war in Kenia, im Kakuma-Flüchtlingslager. Dort wurde ich als offizielles Mitglied der römisch-katholischen Kirche bestätigt.

7 Durch den reißenden Fluss

IM MAI 1991 wurde der äthiopische Präsident Mengistu Haile Mariam unter Mitwirkung von Rebellengruppen aus dem nördlichen Sudan entmachtet. Für uns, die Flüchtlinge aus dem Südsudan, wurde es damit sehr gefährlich in Äthiopien. Wir waren der neuen Regierung völlig ausgeliefert. Sie kollaborierte mit den sudanesischen Machthabern, vor deren Gewaltherrschaft wir geflohen waren!

Uns erreichten bald darauf Gerüchte über einen unmittelbar bevorstehenden Angriff der Regierungstruppen. Wir hatten keine Wahl – wir mussten zurück in den Sudan. Eines Abends hörten wir, dass nur wenige Stunden entfernt Kämpfe ausgebrochen waren. Wir reagierten sofort; die Kinder sollten Panyido zuerst verlassen und zur Grenze fliehen. Man versuchte, uns zu beruhigen: Den Teil des Sudan, den wir betreten würden, hätten unsere Soldaten der SPLA unter Kontrolle.

Ich gehörte zu einer der letzten Gruppen von Minderjährigen, die Panyido verließen. Die Straße war überfüllt und es war dunkel. Die feindlichen Regierungstruppen kamen schnell näher; unsere Verteidiger wurden immer weiter zurückgedrängt. Wir mussten uns beeilen! Immer wieder hörten wir Explosionen. Es war wie damals, als wir aus dem Sudan nach Äthiopien flohen. Und nun drängten wir in unser altes Land zurück!

Wir marschierten die ganze Nacht und den größten Teil des darauffolgenden Tages hindurch. Endlich erreichten wir den Fluss Gilo. Allerdings hatte ich keine Ahnung, dass hinter dem Fluss noch ein Fußmarsch von einer Nacht und einem Tag auf uns wartete, bis wir die Grenzstadt Pachala erreichen würden.

Das Flussufer war überfüllt mit Menschen. Die ersten Gruppen von Kindern hatten die andere Seite schon erreicht. Aber dort wartete nur verdörrte Erde auf sie; nirgendwo war etwas Essbares zu finden. Die meisten Flüchtlinge hatten ihren wenigen Proviant längst verzehrt. Weil es offensichtlich auf der anderen Seite des Flusses nichts gab, um den Hunger zu stillen, hörten wir manche schon von Umkehr reden. Wir waren zurück in der Hölle! Die Bilder von den ersten Tage in Panyido kamen uns wieder in Erinnerung. Vor uns der Fluss, dessen Pegel immer weiter stieg. Das Wasser rauschte bald flutartig an uns vorüber. Ein Überqueren schien unmöglich. Hinter uns die feindlichen Soldaten, die uns töten wollten. Wir waren gefangen!

Am Nachmittag liefen die Menschen noch immer kopflos am Flussufer herum und suchten nach einem Ausweg. Da stürzten plötzlich unsere Verteidiger herbei. Ihre Hemden hatten sie um die Hüfte gebunden. Offensichtlich hatten die Feinde alles hinter uns zerstört. Die Soldaten der SPLA riefen, wir sollten in den Fluss springen und um unser Leben schwimmen! Wer nicht schwimmen konnte, sollte dem Flusslauf folgen. Irgendwann würde man sudanesischen Boden erreichen, der unter Kontrolle der SPLA stand. Sie versprachen, uns Feuerschutz zu geben.

Da erkannte ich Salva Kiir Mayardit. Er war als ein Kommandant der SPLA für die Flüchtlinge zuständig. Mehrere Male hatte er Panyido besucht. Nun war er hier und widersetzte sich seinen Leibwächtern, die ihn in Sicherheit bringen wollten. Niemals würde er den Fluss überqueren und Tausende Flüchtlinge dem sicheren Tod überlassen, hörte ich ihn rufen. Seine Soldaten zerrten ihn zu einem Boot am Flussufer. Der Kommandant zeigte auf die Kinder, die sich um das Boot geschart hatten. „Helft doch den Kindern!", rief er laut. „Bitte! Sie sind unschuldig! Helft ihnen!"

Er weigerte sich, ins Boot zu steigen. Erst als seine Leibwächter eine lange Plastikplane am Heck befestigt hatten, stieg er ein. Die Soldaten riefen einigen Kindern zu, sie sollten sich an die Plane klammern. Das Boot würde sie ans andere Ufer ziehen. Dann sprach der Kommandant mich an: „Junge, kannst du schwimmen? Schaffst du es allein über den Fluss?"

„Ja, Sir. Ich kann schwimmen", antwortete ich. „Ich war schon einmal drüben. Aber da gibt es nichts zu essen, also bin ich zurück, bevor das Wasser zu hoch stieg." Ich log. Er sollte nicht denken, ich sei nicht tapfer.

„Okay, mein Junge", sagte Kommandant Salva Kiir, „zuerst überqueren wir den Fluss. Dann schicke ich meine Soldaten; sie suchen für euch nach etwas Essbarem."

In Scharen drängten die Kinder zum Fluss. „Wenn ihr schwimmen könnt, dann los!", rief der Kommandant denen in Hörweite zu. „Wir nehmen eure Sachen im Boot mit." Dann befahl er seinen Leibwächtern, wenigstens einige Kinder ins Boot zu hieven. Wer konnte, sollte sich an die Plane klammern. Wir anderen blieben am Ufer zurück. Dass wir so einen heldenhaften Anführer hatten, erfüllte uns mit Ehrfurcht.

Ich konnte wirklich schwimmen; während meiner Zeit in Panyido hatte ich es gelernt. Aber dieser Fluss war furchterregend! Reißend und mächtig rauschte das Wasser vorbei und spritzte an den großen Steinen hoch. Unser Kommandant hatte uns jedoch befohlen zu schwimmen. Er gab sein Boot für unsere Sachen her; er wollte für Nahrung sorgen. Irgendetwas in mir sagte, dass ich es schaffen würde. Ich zog meine Kleidung aus und gab sie einem der Leibwächter. Noch bevor das

Boot ablegte, sprang ich ins Wasser. Mit hastigen Schwimmbewegungen versuchte ich eine kleine Insel im Fluss zu erreichen.

Ich hatte mich fast durch die reißenden Fluten gekämpft, als die ersten Schüsse fielen. Maschinengewehre. Die feindlichen Soldaten waren da, ohne Zweifel. Hunderte Flüchtlinge warfen sich in den Fluss, ob sie schwimmen konnten oder nicht. Viele verschwanden in den Wellen. Andere wurden von den Angreifern niedergeschossen. Kleinkinder trieben an mir vorüber. Ihre Mütter sind schon ertrunken, dachte ich und strampelte weiter der Insel entgegen.

An diesem Tag lernte ich, dass ein Neugeborenes nicht untergeht. Der Fluss trug die weinenden Bündel vor meinen Augen fort; ich musste tatenlos zusehen und konnte nichts dagegen tun.

Irgendwann erreichte ich das gegenüberliegende Ufer. Gerade hatte das Gewehrfeuer nachgelassen. Ich griff nach einem Ast, der über dem Wasser hing. Auf mich wartete ein steiler Aufstieg, und der Kampf gegen die Strömung hatte mir alle Kraft geraubt. Dreimal rutschte ich ab und fiel zurück ins Wasser. Dann endlich schaffte ich es. Ich zog mich am Ast nach oben, bis ich auf festem Boden stand. Dann rannte ich los.

„Runter!", rief mir ein Soldat zu. „Roll dich am Boden lang!"

Es ging nicht. Überall lagen Tote. Ich duckte mich und rannte weiter. Da setzte der Beschuss von der anderen Seite des Flusses wieder ein. Von allen Seiten flogen Kugeln. Unsere Soldaten waren ein Stück vor mir. „Hör auf zu laufen!", brüllten sie. „Auf den Boden!"

Dieses Mal gehorchte ich.

Dann ebbte das Feuergefecht ab. Jemand rief mir zu, ich solle zu den Soldaten der SPLA hinüberkommen. Als ich sie erreichte, zerrte man mich hinter einen umgestürzten Baum. Viele, die wie ich den Fluss bewältigt hatten, nutzten die Feuerpause. Sie erhoben sich und flüchteten in Richtung Straße. Ich stand auf und rannte mit.

Am Straßenrand stand ein Geistlicher. Er sah, dass ich nackt war, hob ein Hemd auf und warf es mir zu. Ich streckte den Arm aus, um es zu fangen. Da krachte ein Geschoss neben uns in einen Baum und riss den Stamm in zwei Hälften. Der Geistliche und ich ließen uns zu Boden fallen. „Weg von der Straße!", hörten wir einen Soldaten rufen. „Der Schuss galt euch!" Wir rollten in verschiedene Richtungen davon.

Auf dieser Seite des Flusses gab es eine Müllgrube. Einmal hatten wir sie auf der Suche nach Brauchbarem für das Flüchtlingslager durchsucht. Jetzt aber rannte ich ohne anzuhalten daran vorbei. Eine Stunde lang hetzte ich blindlings durch den Wald und schlug mich durch das dichte Grün.

Irgendwann glaubte ich, außerhalb der Reichweite der Gefechte zu sein. Ich setzte mich zu einer Gruppe von Erwachsenen. Sie berieten darüber, in welcher Richtung die Straße lag. „Wir müssen in Richtung der Berge", sagte einer.

„Ich gehe nicht zur Straße zurück", erwiderte sein Gefährte. „Das ist viel zu gefährlich. Man wird uns sehen und Bomben auf uns werfen."

Immer mehr Leute kamen hinzu; manche waren auf der Suche nach Familienmitgliedern. Wir anderen teilten diese Sorge nicht. Stattdessen überlegten wir, woher man Kleidung bekommen könnte. Wie wir die nächste Hungersnot überleben würden. Wie lange es dauern würde, bis uns das UNHCR zu Hilfe käme.

Schließlich waren die Erwachsenen sich einig. Sie wollten sich in Richtung der Berge durchschlagen in der Hoffnung, die Straße zu finden. Die Straße, auf der uns die Bomben erwarteten!

Mittlerweile hatte sich eine größere Menschenmenge angesammelt. Einige waren dabei, Essen zuzubereiten. Andere wollten so schnell wie möglich weiter und sich noch in derselben Nacht bis Pachala durchschlagen. Hier und dort liefen

Erwachsene mit einem Kleinkind oder einem Baby herum, das sie im blutgetränkten Flusswasser zu fassen bekommen hatten. Per Rufzeichen versuchten sie, die Angehörigen ausfindig zu machen.

Ich trieb ein T-Shirt und eine Hose auf. Ein Freund aus Panyido hatte seinen Beutel gerettet und gab mir seine Wechselkleidung. Dann tat ich mich mit einigen Jungen in meinem Alter zusammen, die ich kannte. Sie hatten noch etwas Mais und Bohnen übrig. Wir bereiten sie zu, so gut es ging. Mitten in der Menschenmenge gönnten wir uns etwas Ruhe und beobachteten die Flüchtlinge, die an uns vorüberzogen.

Dann war die Mahlzeit beendet; wir schlossen uns dem müden Strom von Menschen an. Zu unserer Sicherheit nahmen wir uns vor, zusammen und in der Mitte der Menge zu bleiben. Aber bald darauf hatten wir uns doch wieder verloren. Ich lief weiter, bis meine Füße vor Müdigkeit den Dienst versagten. Am Straßenrand hatte sich eine Gruppe Flüchtlinge zum Schlafen niedergelassen; ich legte mich dazu, konnte aber nicht einschlafen. Also stand ich wieder auf und schleppte mich weiter, bis ich die nächsten Schlafenden fand. Dort kauerte ich mich dazu; einige andere Flüchtlinge taten es mir gleich.

Gegen Mitternacht lag ich noch immer wach, als plötzlich Unruhe aufkam. Ich konnte nichts sehen, hörte nur laute Angstrufe und drängelte mich hastig zur Mitte der Gruppe. Eine Stimme wehklagte in der Dunkelheit. Jemand war von einem Löwen angefallen und fortgezerrt worden! Als endlich der Morgen graute, sahen wir eine einsame Tasche am Boden liegen. Das Opfer war ein Lehrer gewesen. Ein paar Soldaten bestätigten uns, den Löwen gesehen zu haben. Aus Angst, versehentlich Menschen zu treffen, hatten sie das Feuer nicht eröffnet.

Vor uns lag ein weiter Weg. Trotz des frühen Morgens machte sich bereits die Hitze breit. Im Schatten bereiteten einige etwas Essen zu. Obwohl es wenig war, bekamen auch wir Kinder etwas ab.

Später am Tag erreichten wir die sudanesische Ortschaft Pachala. Dort traf ich meine Freunde wieder, aber sie waren in hellem Aufruhr. Wir versuchten, uns in unsere Gruppen aus Panyido zu ordnen, aber es fehlten so viele! Nirgendwo waren Betreuer, die uns zur Essensausgabe riefen. Wir waren völlig uns selbst überlassen.

Am späten Abend war der Strom von Neuankömmlingen noch immer nicht versiegt. Da hörten wir plötzlich Motorengeräusche. Von Äthiopien her war ein Flugzeug im Anflug auf Pachala.

„Das sind Nahrungsmittel!", rief jemand. „UNHCR schickt Hilfe!"

Andere sprangen in Deckung. „Runter!", schrien sie. „Auf den Boden!"

Das Flugzeug flog über Pachala hinweg und verschwand in Richtung Fluss. Dann kehrte es zurück. Die Regierung des Nordsudan hatte es geschickt, um uns anzugreifen!

„Nicht nach oben sehen!", warnte mich eine Frau. „Deine Augen sind vom Flugzeug aus besser zu sehen als der Fluss. Willst du, dass eine Bombe auf dich fällt? Sieh bloß nicht hin!"

Noch während sie sprach, hörten wir es zweimal laut krachen. Es schien von der anderen Seite der Grenze zu kommen. Dann nahm das Flugzeug Kurs auf uns.

Die ersten Bomben waren Volltreffer gewesen, hörten wir später. Eine große Anzahl Flüchtlinge war getötet worden. In Pachala hatte es glücklicherweise mehr Kühe als Menschen erwischt. Der Teil der Stadt, auf den das Bombardement niedergegangen war, war nur spärlich besiedelt.

Das war der Willkommensgruß, den uns Präsident Umar Hasan Ahmad al-Baschir und seine Regierung anlässlich unserer Rückkehr aus Panyido sendeten.

8 Nachts allein im Regenwald

MEINE FREUNDE UND ich blieben einige Zeit im sudanesischen Pachala. Die Zustände waren fast so schlimm wie anfangs in Panyido. Immerhin wurde nach ein paar Tagen die Ordnung unserer Gruppen und Abteilungen wiederhergestellt. Es war immer mit neuen Bombardements zu rechnen; daher verlegte man uns mitten in die Wälder, eineinhalb Stunden Fußmarsch von Pachala entfernt. In einem dunklen, dicht bewachsenen Waldabschnitt versteckten wir uns vor den Augen der Piloten. Weiße Kleidung durften wir nicht auf dem Boden ausbreiten, Zelte nicht aufstellen. Auch Lagerfeuer waren verboten. Damit waren wir zwar einigermaßen sicher vor den Angriffen, aber nun drohte uns, den Überlebenden der Hungersnot von 1987, wieder der Hungertod.

Den Flüchtlingsgemeinschaften, die in Pachala ausharrten, erging es nicht besser. Für die riesige Menschenmenge dort gab es keinerlei Nahrungsmittelversorgung. Nirgendwo waren Dörfer, wo man Kleidung gegen etwas zu essen hätte eintauschen können. Alle möglichen Früchte und Blätter hatten die Flüchtlinge probiert. Was essbar war, war längst verzehrt. Es war nichts mehr übrig.

Für mich und die anderen Jungen war dies die zweite Hungersnot. Wir erinnerten uns noch gut, wie viele Menschenleben die erste gefordert hatte. Ich tat mich mit zwei meiner Freunde, Gor Koal und Kout Deng, zusammen, um alles daranzusetzen, zu überleben. Eines Morgens verließen wir unser Lager. Wir zogen von Flüchtlingsgruppe zu Flüchtlingsgruppe. Schnell wurde uns jedoch klar, dass uns niemand helfen konnte und wir auf uns allein gestellt waren.

Wir hatten von einem Viehlager tief im Regenwald gehört. Also machten wir uns zu dritt in Richtung Äthiopien auf, um nach Spuren zu suchen, die uns zur Lagerstätte der Rinder führten. Tatsächlich wurden wir fündig und folgten den Spuren in den Wald hinein. Dabei hofften wir, nicht zu tief in das dichte Grün gehen zu müssen; die dämmrige, undurchdringliche Wildnis machte uns Angst. Alles, was wir zu unserer Verteidigung besaßen, war ein kleines Messer. Einige Zeit kämpften wir uns tapfer voran, blieben dann aber stehen. Hatte es Sinn, immer weiter zu gehen? „Lasst uns noch eine Stunde lang den Spuren folgen", schlug Gor vor. Er war der Älteste von uns. „Wenn wir bis dahin nichts gefunden haben, kehren wir um."

Ich war zwar der Jüngste, aber meine Freunde wussten, dass ich bereit war, in den düsteren Regenwald vorzudringen. Keine menschliche Stimme war dort zu hören, nur Vogelrufe durchbrachen die Stille. Kout war ebenfalls einverstanden, und so gingen wir weiter. Wir folgten den Spuren bis in ein Tal, in dem viele große Bäume wuchsen.

Plötzlich bewegte sich etwas im Dickicht vor uns. Es hatte eine gelbbraune Farbe – ein Löwe! Wir sprachen uns gegenseitig Mut zu. „Nicht weglaufen!", befahl Gor. „Kommt, wir gucken erst mal, was es überhaupt ist."

Wir pirschten uns vorsichtig heran. Es hatte Hörner! Löwen haben keine Hörner. Es war eine Kuh, stellten wir erleichtert fest. Sie war zwar krank, aber dennoch eine Kuh. Nur, wie sollten wir sie töten, um an das Fleisch heranzukommen? Unser Messer würde nicht viel helfen. Es war zu kurz und stumpf. Nach einigem Hin und Her beschlossen wir, einfach zu warten. Die Kuh lag sowieso im Sterben. Wenn sie einmal verendet war, hatten wir genug zu essen für viele Tage. Wir müssten nur hier bleiben und uns immer wieder satt essen. Voll Freude dankten wir Gott für das Geschenk einer todkranken Kuh.

Lange saßen wir im Gestrüpp und warteten. Die Zweige von großen Bäumen boten uns ein gutes Versteck.

Nach etwa einer Stunde sagte Kout: „Wir verschwenden hier nur Zeit. Warum töten wir die Kuh nicht einfach?" Mittlerweile musste es schon vier Uhr nachmittags sein. Schnell kroch die Dämmerung heran.

Gor schüttelte den Kopf. „Und was ist, wenn der Besitzer

auftaucht? Dann haben wir die Kuh gestohlen. Wir sollten lieber noch warten."

„Das dauert viel zu lange", wandte ich ein.

Wir waren zwei gegen einen. Gor musste also dem Versuch zustimmen, die Kuh zu töten. Vorsichtig gingen wir auf sie zu. Der Hunger verlieh uns Mut, und so berührte einer von uns ihren Körper. Wir wollten herausfinden, wie sie darauf reagierte. Die Kuh war schon sehr schwach, stellte sich aber plötzlich auf die Beine und starrte uns aus wilden Augen an.

„Okay, vielleicht warten wir lieber, bis sie von selbst stirbt. Gor hat recht", lenkte ich ein. Aber kaum hatten wir uns wieder niedergelassen, da spazierte die Kuh davon! Wir sprangen auf und rannten hinterher. Sie mochte vielleicht schwach aussehen; trotzdem konnte sie schneller laufen als wir.

„Kommt, wir folgen ihr trotzdem", rief Gor. „Vielleicht findet sie nach Hause und wir bekommen dort einen Schlafplatz."

Kurz darauf war die Kuh jedoch im dichten Grün verschwunden. Ihr blindlings zu folgen, trauten wir uns nicht. Sie führte uns womöglich zu wilden Tieren, zu Löwen oder Ähnlichem.

Wir standen mitten im Regenwald und überlegten. In welcher Richtung ging es zurück zum Lager? Kout bemerkte, dass wir seit dem frühen Morgen unterwegs waren und es niemals vor der Dunkelheit erreichen würden. Außerdem streiften Löwen herum; in der Ferne konnten wir ihr Gebrüll hören. Schnell waren wir uns einig, dass wir zumindest so weit gehen wollten, bis wir einen stämmigen Baum fänden. In dessen Krone wollten wir die Nacht verbringen.

Wir machten uns auf – und liefen drei Löwen direkt über den Weg!

Gor war zwei Jahre älter als Kout. Er übernahm sofort die Führung. „Nicht loslaufen", flüsterte er. „Löwen können Feiglinge nicht leiden. Wer feige wegläuft, den greifen sie an. Wir müssen zusammenbleiben. Nur dann sind wir sicher."

Wir taten so, als hätten wir keine Angst, und setzten einen Fuß vor den anderen. Die Löwen verschwanden im Dickicht, tauchten kurze Zeit später aber wieder auf. Die Angst saß uns im Genick; wir trauten uns jedoch nicht, schneller zu gehen. Einmal versuchten wir zu singen, brachten aber keinen guten Klang zustande. Schließlich kamen wir zu einem mächtigen Baum. Die anderen schoben mich zuerst hinauf und kletterten dann hinterher. Wir waren keine Sekunde zu früh oben: Wenige Augenblicke später stolzierte ein Löwe genau unter unseren Baum und streckte sich!

Wir saßen fest. Irgendwann hörten wir etwas entfernt einen Gewehrschuss krachen und Kühe muhen. Wir riefen nach Leibeskräften um Hilfe, aber niemand kam. Es blieb uns nichts anderes übrig, als die Nacht in der Baumkrone zu verbringen. So gut es ging, versuchten wir zu schlafen oder uns zu unterhalten.

Am nächsten Morgen waren die Löwen verschwunden. „Wir bleiben lieber noch hier oben", warnte uns Gor. „Das ist sicher ein Trick. Sobald wir unten angekommen sind, greifen sie uns an. Lasst uns noch einmal rufen! Vielleicht hört uns jemand."

Wir schrien, so laut wir konnten. Irgendwann kamen Leute näher, die eine Salve abfeuerten. Was, wenn sie an uns vorbeiliefen? Erst als drei Soldaten unter unserem Baum auftauchten, gaben wir Ruhe.

Sie gehörten zum Feind – es waren Banditen, die Leute wie uns einfach niederschossen. Würden sie auch bei uns abdrücken? Wir sprachen vorsichtshalber auf Arabisch und erklärten ihnen, was passiert war. Die Rinder lagerten nicht fern von hier, sagten sie und begleiteten uns ein Stück dorthin.

Es war noch früher Morgen, als wir das Viehlager erreichten. Wir sahen viele andere Kinder, die auf der Suche nach Nahrung bereits hierher gefunden hatten. Fünf tote Kühe lagen auf der Erde. Die Besitzer hatten sie vom restlichen Vieh fortgezerrt, um sie zu häuten. Jeder Kadaver war umringt von Kindern, die zusahen und lauerten, ob etwas für sie abfallen würde. Meine beiden Freunde schlugen vor, dass wir uns auf verschiedene Kadaver aufteilen sollten. So wäre die Chance höher, von einem der Männer etwas abzubekommen.

Gor und Kout hatten Glück. Sie erhielten von den ersten vier Tieren jeder ein Stück Fleisch. Ich wartete immer noch bei der fünften Kuh darauf, dass sie fertig gehäutet war. Die beiden zeigten mir ihre Beute. Wir schickten Gor mit dem Fleisch etwas abseits; er sollte darauf aufpassen, während Kout und ich auf noch mehr warteten.

Der Mann, dem wir zuschauten, erklärte, dass er die Hälfte des Fleisches behalten würde. Die andere Hälfte sollte auf die dreiundsiebzig Kinder aufgeteilt werden, die noch nichts abbekommen hatten. Gierige Erwartung lag in der Luft. Dann kam Gor dazu und Chaos brach aus.

Mit ihm hatte sich die Gruppe der Lauernden auf vierundsiebzig erhöht. Der Besitzer der Kuh musste die Portionen neu aufteilen. Einige der Jungs wurden ungeduldig. Sie fingen an, Fleischstücke vom Stapel an sich zu reißen.

Ich saß in der Hocke und bewachte meinen Anteil. Plötzlich griff ein Junge danach und machte sich davon. Mir blieb nichts anderes übrig, als jemand anderes zu finden, den ich berauben konnte. Da sah ich, wie ein paar Jungs mit Fleisch davonrannten. Sie plünderten anscheinend jemandes Zwischenlager. Ich schnappte mir auch ein Stück. Da fing Gor an zu schreien. Ich hatte unser eigenes Fleisch gestohlen! Kout hörte Gors Schrei und kam zu Hilfe. Dabei ließ er den Brocken fallen, den er in der Hand hatte. Gor schnappte sich eine Lunge. Kout verfolgte einen Jungen, der einen großen Teil unserer Fleischration gestohlen hatte.

Kurz darauf lag ich mir mit einem etwa gleichaltrigen Jungen in den Haaren. Es ging um ein kleines Stück rohes Fleisch. Der Junge war zwar dünn, aber kampfentschlossen. Inzwischen war die allgemeine Rauferei abgeebbt. Ein Mann kam heran und bot als Lösung für unser Problem an, das Fleisch zu zerteilen. „Nein!", fauchte mein Gegner und wir kämpften weiter. Kurze Zeit später machte ein anderer denselben Vorschlag. Dieses Mal weigerte ich mich. Kouts Stimme trieb mich an: „Los! Wenn du das Fleisch auch noch verlierst, haben wir überhaupt nichts mehr!"

„Die beiden sind doch gleich alt", sagte jemand. „Lasst sie kämpfen, bis der Stärkere gewinnt."

Unsere Kräfte ließen immer mehr nach. Schließlich ließen wir voneinander ab und einigten uns. Ein älterer Mann zerteilte unsere Beute, und ich setzte mich zu meinen Freunden. Vor lauter Wut über die Sache fing ich an, Gor zu beschuldigen, er habe nicht auf unsere Ration aufgepasst. Das brachte uns aber nicht weiter. Viel wichtiger war, dass wir unser Fleisch noch zubereiten mussten, bevor wir es essen konnten.

Einer der Jungen hatte eine Blechdose gefunden und seinen Anteil darin gekocht. Wir versprachen ihm zwei Stücke von unserem Fleisch, wenn wir seine Büchse benutzen durften. Einen weiteren Bissen tauschten wir gegen etwas Salz. Inzwischen hatte es zu regnen begonnen, was uns aber nicht davon abhielt, endlich unsere Mägen zu füllen.

Als der Hunger gestillt war, kam die Frage auf, was nun zu tun war. Die Viehherden zogen weiter. Wir kamen zu dem Ergebnis, wir wollten zum Flüchtlingslager zurückkehren. Die meisten Jungen waren derselben Meinung. Sie kannten den Weg zurück, also schlossen wir uns ihnen an.

9 Die Affenmutter

DIE VERHÄLTNISSE IM Flüchtlingslager wurden nicht besser. Irgendwann bot sich einer der Erwachsenen an, zum Abendessen einen Affen zu schießen. Manche Leute weigern sich, Affenfleisch zu essen. Ihnen sehen die Gesichter und Hände zu menschlich aus. Aber die Soldaten bei uns im Lager gingen ab und zu auf Affenjagd. Wenn man einmal eine Gruppe von Tieren aufgespürt hat, sagten sie, kann man so viele töten, wie man will.

Ich war jedoch selbst einmal dabei und hatte gesehen, wie schwer es ist, einen Affen zu erschießen. Vor allem dann, wenn er einen anbettelt, es nicht zu tun. In meinem Fall hing er von einem Ast herunter und berührte seine Schusswunde. Als er sein eigenes Blut sah, begann er zu schreien und streckte die blutige Hand zu den Jägern aus, als wolle er um sein Leben flehen. „Töte ihn", sagte einer der Soldaten, „er quält sich doch nur und stirbt sowieso."

Ein Dorfältester hat mir einmal eine Geschichte über Affen erzählt, die ich nicht vergessen kann. In einem Wald, sagte er, gab es sehr viele Affen. Manchmal fingen sich die Dorfbewohner Affenbabys, um mit ihnen zu spielen. So auch eine Gruppe befreundeter Jungen. Sie brachten ein Affenjunges aus dem Wald mit und erklärten es zu ihrem Haustier. Die Affenmutter jedoch wollte ihr Baby nicht aufgeben. Sie folgte den Kindern heimlich bis ins Dorf, wo vor Kurzem eine Frau ihr Kind zur Welt gebracht hatte.

Irgendwann wurde den Jungen das Spiel mit dem Äffchen langweilig. Sie sperrten es ins Haus und gingen woanders spielen. Sobald niemand mehr zu sehen war, kletterte die Affenmutter flugs von ihrem Baum herunter und schnappte sich das Menschenkind. Die Mutter hatte ihr Kleines im Schatten des Hauses abgelegt, um ihrer Arbeit nachzugehen. Sie sah, wie die Affenmutter nach ihrem Kind griff, und fing an zu schreien. Schnell liefen Leute herbei. Inzwischen saß die Affenmutter längst wieder in der Baumkrone und hielt das Baby vorsichtig im Arm. Sobald jemand versuchte hinaufzuklettern, drohte sie, es herunterzuwerfen.

„Vielleicht sollten wir sie lieber bitten, uns das Kind zu geben", schlug eine Frau vor. Also redete man ihr freundlich zu. Die Affenmutter wiederholte aber nur die Gesten der Dorfbewohner. Diese waren ratlos. Was wollte sie ihnen damit sagen? Erst als die Jungen zurückkehrten und zugaben, das Affenkind gestohlen zu haben, wurde den Bewohnern klar, warum die Affenmutter bis ins Dorf gekommen war.

Das kleine Äffchen wurde freigelassen und sauste augenblicklich den Baum hinauf. Die Affenmutter nahm ihr Kind entgegen und untersuchte es gründlich. Dann nickte sie. Herunterzuklettern wagte sie jedoch nicht, wohl aus Angst, gefangen und getötet zu werden. Die Dorfältesten errieten den Grund für ihr Zögern und forderten die Bewohner auf, auf Abstand zu gehen. Als niemand mehr am Baum war, stieg die Affenmutter vorsichtig den Baum herunter. Sie legte behutsam das Baby ab und verschwand wieder in der Krone. Die Dorfbewohner applaudierten; sie merkten, dass Affen auch etwas vom Leben verstehen. Sie können genauso Schmerz empfinden wie wir. Manche drohten zwar, die Affenmutter zu töten, andere gaben aber darauf acht, dass sie sicher wieder in den Wald zurückkehren konnte.

Leider muss ich von meiner Zeit in Pachala jedoch sagen: Ein hungerndes Kind isst alles.

10 Mond über der Savanne

IM JULI 1991 wurde der Zug SPLA-Soldaten, der in unserer Gegend stationiert war, in die Äquatorialregion im Süden des Sudan verlegt. Unter uns Kinderflüchtlingen überlegten viele, den Soldaten zu folgen. Das war immer noch besser, als den Hungertod zu erleiden wie so viele andere 1987 in Äthiopien. Uns war strikt verboten worden, das Lager zu verlassen; ich entschloss mich aber, mein Leben selbst in die Hand zu nehmen und um jeden Preis zu fliehen.

Gor und Kout, meine Freunde, wollten lieber bleiben. Ich hingegen folgte mit vielen anderen Jungen den Soldaten heimlich in den Wald. Erst als wir der Meinung waren, schon zu weit vom Lager entfernt zu sein, um noch dahin zurückgebracht zu werden, zeigten wir uns. Einer nach dem anderen schloss sich bis zum Abend dem Zug an. Erst beim Abendappell merkten die Soldaten, wie viele Kinder sie in ihrer Obhut hatten: Es waren mehr als siebzig! Trotzdem blieb ihnen nichts anderes übrig, als uns bis zum nächsten Flüchtlingslager mitzunehmen – eine Reise von vierzehn Tagen.

Bald darauf sollte ich meinen Leichtsinn bereuen. Ich war den Soldaten einfach gefolgt, ohne zu wissen, wohin sie gingen. Sie führten noch nicht einmal Nahrungsmittel mit sich, sondern wollten unterwegs auf die Jagd gehen. Glücklicherweise taten sie das auch und versorgten uns. Unsere Reise fiel jedoch mitten in die Regenzeit: Aufgeweichter Boden, häufige Regengüsse und massenweise Moskitos machten uns das Leben schwer. Selbst wenn die Jagd erfolgreich verlief, war es oft zu nass zum Kochen. Außerdem hatten wir nicht ein einziges Moskitonetz dabei. Manche Tage waren die reinste Hölle.

„Siehst du den Berg dort?", fragte mich unterwegs ein Soldat. Den Wald hatten wir längst hinter uns gelassen; in der Ferne ragte eine gewaltige Gebirgsmasse auf. Ihre Spitze war in Wolken gehüllt. „Man nennt ihn *Dschabal Jissa*, den Berg der Bestrafung", erklärte er mir. „Wenn du nicht tapfer bist, wirst du sterben, bevor wir den Berg erreichen. Wenn du dir aber ein Herz fasst und durchhältst, dann wirst du es schaffen und hast allen Grund, Gott zu danken."

Am selben Nachmittag legten wir eine Rast ein. Die Soldaten wollten auf die Jagd gehen und danach bis zum übernächsten Morgen rasten. Dann stand uns die Durchquerung der sumpfigen Ebene bevor, die uns vom Berg trennte. Dieser Abschnitt war lebensgefährlich: Nichts gab uns Deckung vor den Spähern der mordlustigen Banditen, die diese Ebene kontrollierten. Wir mussten schnell sein.

Der Marsch durch die Sümpfe nach unserer Ruhepause war beschwerlich. Beim ersten Morgengrauen waren wir aufgebrochen. Es regnete und wir wateten durch den Morast. Das hohe Gras machte es schwer, die Richtung beizubehalten. Dennoch kämpften wir uns den ganzen Tag und die folgende Nacht ohne Pause voran. Erst am nächsten Morgen machten wir unter einigen Bäumen Halt. Es regnete noch immer so stark, dass man den Berg nicht sehen konnte. Auch zum Kochen war es zu feucht. Vor Hunger fühlten wir uns schwach und elend; es blieb uns trotzdem nichts anderes übrig, als uns ins Gras und in Wasserlachen zu legen und auf den Abend zu warten. Erst dann war an ein Fortkommen zu denken. Wir waren durchnässt, müde und von oben bis unten mit Schlamm bedeckt. Ich wusste, dass ich tapfer sein sollte; es war nur so schwer mit einem leeren Magen. Immer wieder dachte ich an meine Eltern. Wo waren sie gerade? Lohnte es sich überhaupt weiterzumachen?

Der dritte Tag begann genauso wie die anderen davor. Immerhin wurde es etwas wärmer. Elendig schleppten wir uns weiter durch das Wasser. Am frühen Nachmittag setzten wir dann endlich einen Fuß auf trockenes Land. Offensichtlich war auch die Schmerzgrenze der Soldaten erreicht: Sie setzten sich über ihre Befehle hinweg und bestanden auf einer ordentlichen Rast. Einige machten sich sofort auf die Jagd und kehrten mit genug Beute für uns alle zurück.

Bald briet Fleisch über dem Feuer; die Männer schnitten Gras und legten es für uns als Unterlage zum Schlafen auf den Boden. Mir war trotzdem bange zumute. Der Wind hatte abgenommen, und eine riesige Wolke stand drohend über uns. Es gab keine Bäume in der Nähe, nichts, was uns als Unterschlupf dienen konnte. Mein Herz war schwer wie Blei. Seit drei Tagen hatte ich nicht eine einzige Hütte gesehen, und was sich da über uns zusammenbraute, würde kein normales Gewitter werden.

Es dauerte nicht lange, bis der Regen sintflutartig auf uns

niederprasselte. Mir gelang es irgendwann, trotzdem einzuschlafen. Als ich aufwachte, lag ich in einer tiefen Pfütze. Ich brauchte noch mehr Gras unter mir; wenigstens mit meinem Kopf musste ich im Trockenen bleiben. Die Beine waren mir egal. Auch andere liefen herum und rupften Gras. Irgendwann hörte der Regen auf und wir kamen zur Ruhe. Allmählich wurde das Wasser durch unsere Körperwärme erträglich. Wir durften uns nicht bewegen: Wenn sich jemand umdrehte, schwappte kaltes Wasser auf den Nachbarn und weckte ihn auf. Schnell hatten wir kapiert, möglichst nah an den Nebenmann heranzurutschen, um warm zu bleiben. Und sich nur dann zu bewegen, wenn er es auch tat.

Am nächsten Morgen hatten es alle eilig, von dort wegzukommen. Wir marschierten wieder den ganzen Tag und die folgende Nacht hindurch und wehrten uns nach Kräften gegen Moskitos und Müdigkeit. Eine unheimliche Stille lag über uns. Alles, was man hörte, war das „quitsch, quitsch, quitsch" der mit Schlamm gefüllten Soldatenstiefel und das „rapp, rapp, rapp" ihrer Rucksäcke. Der Himmel war klar und die Landschaft baumlos und leer. Der dunkle Berg ragte vor uns auf, nah und bedrohlich. Ich wusste nicht, dass er noch eine ganze Tagesreise entfernt lag.

In der folgenden Nacht war Vollmond. Die bleiche Scheibe stand groß und leuchtend am tiefblauen Nachthimmel und fühlte sich ganz nah an. Nach einem rasanten Aufstieg schien der Mond völlig still zu stehen. Bei unserem hohen Tempo würden wir ihn hinter uns lassen, dachte ich. Auf eine geheimnisvolle Weise blieb er dennoch immer genau über uns.

„Wie viele Monde gibt es im Sudan?", fragte ich einen der Soldaten.

„Nur einen", bekam ich zur Antwort.

„Dann gucken meine Eltern genau denselben Mond an? Egal, wo sie sind? Sehen sie jetzt gerade denselben Mond wie ich?"

„Natürlich", sagte er und lachte. Wahrscheinlich dachte er,

ich machte mich über meine Eltern lustig. Mir hingegen gab der Gedanke neuen Mut. Mit dieser Gewissheit konnte ich die einsame, schlammige Nacht überstehen.

Kurz vor dem Morgengrauen stieg uns plötzlich ein grauenvoller Gestank in die Nase. Niemand wusste auf Anhieb, was das sein konnte.

„Verwesung", vermutete ein Soldat. „Ein Massaker. In dieser Gegend gibt es Banditen."

Er behielt recht. An einer Stelle, wo das Gras niedergetreten war, fanden wir menschliche Körper. Aasfresser hatten sich bereits gütlich getan. Anhand der Zeichen in den Gesichtern konnte man sie noch einem Stamm zuordnen. Wir identifizierten zwei Frauen, drei Kinder und sieben Männer. Einige Soldaten wurden zur Erkundung der Umgebung abgestellt; andere mussten derweil die Leichen begraben. Wir Kinder warteten etwas abseits. Der Schreck saß uns in den Gliedern.

„Seid froh, dass Regenzeit ist", sagte ein Soldat. „Wenn hier alles getrocknet ist, dann werdet ihr sehen, was der Krieg mit unserem Land gemacht hat. Die Banditen haben in dieser Gegend viele Leute getötet. Ihre Knochen liegen unter euch, unter dem Gras. Ihr könnt sie nur nicht sehen."

Endlich waren die Leichen begraben. Jedem Soldat wurden ein oder zwei Kinder zugewiesen. Nachdem ich gesehen hatte, was man mit diesen armen Leuten gemacht hatte, nahm ich mir vor, nicht mehr zu weinen. Egal, wie sehr man uns zur Eile antrieb. Fiel ich im Schlamm hin, stand ich schnell wieder auf und rannte zu meinem alten Platz in der Reihe. Ich hatte Angst zurückzubleiben. Wer zurückblieb, den holten bestimmt die Banditen.

Irgendwann erreichten wir schließlich den Berg. Beim Aufstieg entdeckte ich einige Papayabäume, die zu einer Siedlung gehört haben mussten. Was war aus ihren Bewohnern geworden? Wir übernachteten dort in den Ausläufern des Bergs der Bestrafung. Die ganze Nacht durch hielten Soldaten Wache.

Vier Tage später erreichten wir Korchuey. Hier war ein großes Auffanglager für Flüchtlinge aus dem Südsudan, die wie wir vor den Kämpfen in Äthiopien geflohen waren. Es gab einige Gruppen speziell für Kinder, die hauptsächlich aus einem äthiopischen Flüchtlingslager namens Dimma stammten. Auf unserem Weg in das Lager sahen wir die Kinder zuerst: Aufgereiht standen sie an der Straße und warteten unruhig auf die Ankunft der Soldaten. Alle Anwesenden einte dieselbe Hoffnung: In der Menge ein bekanntes Gesicht zu finden. Familie. Freunde.

Für manche ging dieser Wunsch in Erfüllung. Erleichtert und ungläubig schlossen sie Brüder und Schwestern in die Arme. Auch ich hoffte, gefunden zu werden. Dass ich selbst jemanden wiedererkennen würde, hielt ich für ausgeschlossen. Ich war noch viel zu klein gewesen, als ich von meiner Familie fortgerissen worden war – ein Kleinkind auf den Schultern meines Onkels. Und wenn jemand aus meiner Verwandtschaft hier war – man würde mich nicht erkennen, weil ich inzwischen zu groß geworden war, befürchtete ich.

Also stand ich einfach da und beobachtete die anderen. Ich sah die Freude, wenn jemand ein verloren geglaubtes Familienmitglied fand. Ich sah Kinder auf und ab laufen und nach ihren Eltern fragen. Ich weinte mit, wenn jemand vom Tod seiner Angehörigen erfuhr. Ihr Verlust ging mir so nah, als wären es meine eigenen Eltern.

Es gab noch mehr Jungen wie mich in Korchuey. Manche kamen auf mich zu und fragten, ob ich diese oder jene Person in Panyido getroffen hatte. Ich gab Auskunft, so gut ich konnte. Im Gegenzug beschrieb ich ihnen, wo meine Familie vor dem Krieg gelebt hatte. Ich nannte meinen Familiennamen, aber keines der Kinder konnte mir weiterhelfen. Einige Erwachsene sagten, sie hätten meinen Vater vor Kriegsausbruch gekannt. Ob meine Eltern aber noch in ihrem Dorf wohnten, wussten sie nicht. Ein paar andere kannten die Familie meiner Mutter. In Korchuey sei aber niemand davon, sagten sie.

Mir wurde klar, dass niemand auf mich wartete. Ich gesellte

mich wieder zu den Soldaten, die sich unter großen Bäumen niedergelassen hatten.

11 Der Fuchs

ZUM ZEITPUNKT MEINER Ankunft in Korchuey war ich sieben oder acht Jahre alt. Damals kannte ich mein genaues Alter nicht. Mein Onkel hatte mir gesagt, dass ich am 30. August geboren wurde; ob es jedoch der 30. August 1983 oder 1984 war, wusste er nicht.

Die Versorgungslage in Korchuey war leider genau dieselbe wie im Flüchtlingslager bei Pachala. Die Kinder hier waren genauso schwach auf den Beinen wie wir. Der Kampf ums Überleben war der gleiche. Auch hier hatte man längst alle essbaren Blätter von den Bäumen gerupft. Kahl reckten sie ihre Zweige empor. Die Kinder hatten sich auf die Soldaten gefreut und gehofft, dass sie Hilfsgüter mitbringen würden. Stattdessen brachten sie siebzig hungrige Mäuler.

Wo gingen die Soldaten als Nächstes hin? War dort die Chance aufs Überleben größer? Diese Frage stellten sich viele von uns. Auch von den Kindern aus Korchuey wollten einige das Lager verlassen und mit ihnen ziehen. Andere hatten ihre Verwandten wiedergefunden und waren entschlossen, sich in Korchuey durchzuschlagen. Ich für meinen Teil wollte nicht hier bleiben. In Pachala hatte mich auch nichts gehalten. Am selben Abend noch zog ich mit den Soldaten fort.

Nach zwei Tagen, am 18. August 1991, erreichten wir ein militärisches Erholungslager auf dem Berg Boma. Man hieß uns nicht gerade willkommen: Die Bewacher des Lagers hielten uns für den Feind! Am selben Tag nämlich hatte sich Riek Machar, der Befehlshaber der Region Oberer Nil, von der

Volksbefreiungsarmee SPLA losgesagt. Und wir marschierten nichts ahnend auf das Militärlager zu. Waren wir Freund oder Feind?

Wir tappten geradewegs in die Falle. Uns rettete ein Revolutionslied, das wir auf dem Weg zum Erholungslager angestimmt hatten. Jeder, der die SPLA unterstützte, kannte es.

„Halt!", rief plötzlich ein bewaffneter Soldat, der am Straßenrand aufgetaucht war. Wir blieben stehen. Wer wir seien und wohin wir wollten, verlangte er zu wissen. Wir gaben bereitwillig Auskunft. Er befahl uns, ihm in Zweierreihen zu folgen. Bekannte Gesichter unter den Campbewohnern hatten wir zu ignorieren. Auf unserem Weg in das Lager sahen wir getrennte Quartiere für Männer, Frauen und Kinder. Zunächst marschierten wir aber bis zum Exerzierplatz. Dort mussten wir uns aufstellen. Wir Kinder wurden von den Soldaten getrennt.

Später gab man uns ein Willkommensgeschenk: Fünf frisch geschlachtete Kühe. In unserem Bereich des Lagers wartete aber schon eine Menge anderer Jungen auf ihren Anteil, sodass jeder nur ein kleines Stück Fleisch bekam. Ab dem nächsten Morgen mussten wir uns wieder selbst um unser Essen bemühen. Die Soldaten verwiesen uns auf die umliegenden Bäume, deren Blätter essbar waren. Wir schwärmten aus und aßen unsere Funde aus einem gemeinschaftlichen Kessel.

Unsere Soldaten erhielten derweil den Befehl, ins Kriegsgebiet zurückzukehren. Ihr Ziel war die Gegend, in der Kommandant Machar seinen Militärcoup gelandet hatte. Wir sollten bis zum Ende der Regenzeit im Lager bleiben. Sobald die Straßen wieder passierbar wären, würde man uns in die Flüchtlingslager zurückbringen, aus denen wir geflohen waren. Der Kommandant des Militärlagers hieß Bol Madut. Er versicherte uns, dass man mittlerweile damit begonnen hätte, per Flugzeug Nahrungsmittel von Lokichoggio in Kenia nach Pachala zu bringen und dort abzuwerfen. Ich konnte aber den Sümpfen, Wegelagerern und dem Berg der Bestrafung nicht noch ein zweites Mal gegenübertreten. Ich wollte vorwärts, nicht zurück.

Drei Monate lang blieb ich im Militärlager auf dem Dschabal Boma. Dann machte ein Armeekonvoi von sechzehn Lastwagen dort Halt. Er war als Munitionstransport von Dschuba ins Kriegsgebiet der Äquatorialregion unterwegs. Genau dorthin wollte ich: in die Stadt Kapoita. Ich wollte um jeden Preis auf einen der Lkws. Mit Erlaubnis oder ohne.

Zunächst fuhr der Konvoi in eine geschützte Militärzone des Lagers. Dort wurde er vier Tage lang beladen; danach kamen die Lastwagen zurück. Zwischen den Munitionskisten war noch etwas Platz, in den sich einige Flüchtlinge drängen durften. „Frauen und Kranke zuerst", befahl Bol Madut. „Aber ich will kein Kind dort sehen!"

Einige von uns wollten dem Konvoi auf der Straße vorausgehen. Sie hofften, später auf die Lkws zu kommen, wo der Kommandant es nicht sehen konnte. In der Zwischenzeit warteten die Glücklichen, die der Befehlshaber ausgewählt hatte, in einer Schlange vor der Umzäunung. Einer nach dem anderen wurden sie hineingelassen und durften auf die Ladeflächen steigen.

Ein Konvoifahrzeug stand in der Nähe des Zauns. Ich zwängte mich heimlich hindurch und versuchte, an einem der riesigen Räder hochzuklettern. Leider entdeckte mich Bol Madut dabei. Er kam und holte mit seinem langen Stock aus. Der Schlag krachte mit solcher Gewalt auf meinen nackten Rücken nieder, dass ich völlig benommen zu Boden fiel. Einen Moment später durchfuhr mich brennender Schmerz. Ich schrie und kroch am Erdboden herum. Der Kommandant sah die blutende Wunde auf meinem Rücken und merkte, dass er mich ernsthaft verletzt hatte. Da wies er einen seiner Leibwächter an, mich auf die Ladefläche zu werfen.

Wie ich Bol Madut hasste! Es war mir egal, dass er einen hohen Rang hatte und älter war als ich. Hätte ich eine Waffe gehabt, ich hätte ihn erschossen.

Der Konvoi hatte sich inzwischen in Bewegung gesetzt. Ich

blutete immer noch. Die Ladefläche war mit Munitionskisten und Flüchtlingen vollgestopft; wo konnte ich mich noch hineinzwängen? Ich suchte mir zwei stabile Kisten aus und kletterte darauf zu. Auf eine davon hatte eine Frau das Bein gelegt; ihr Sohn schlief mit dem Kopf auf ihrem Fuß. Als ich über den Jungen stieg, fuhr mich seine Mutter zornig an: „Kleines Scheusal! Wie kannst du es wagen, meinem Sohn über den Kopf zu steigen!"

Eine andere Frau kam mir zu Hilfe. „Du bist das Scheusal!", rief sie und schlug nach der Mutter. „Ist der Kleine etwa kein Mensch? Ist er ein Hund? Er hat nur wegen des Krieges keine Mutter mehr. Dein Sohn ist kein bisschen besser!"

Die Mutter des Kindes versuchte sich zu verteidigen. Je mehr sie sich anstrengte, desto härter drangen die anderen Frauen auf sie ein.

Ich blieb still und sagte nichts. Es tat gut, dass jemand für mich eintrat; die Frauen auf diesem Lkw verstanden, wie ich mich fühlte.

Einige Zeit später hielten wir mitten in der Steppe an. Die anderen Fahrzeuge warteten bereits auf uns. Bald darauf erschien der Anführer des Konvois mit den Jungen, die das Militärlager zu Fuß verlassen hatten. Weil die Gruppe klein genug war, entschied man, sie auf die Lkws aufzuteilen.

Wir hatten Glück: Der Konvoianführer war ein alter Bekannter. Das fanden wir bei unserer Ankunft an einem entlegenen SPLA-Außenposten heraus. In Äthiopien war er der Leiter eines der Flüchtlingslager gewesen. Erleichtert erinnerten wir uns, dass er auf Jugendliche und Kinder Rücksicht nahm.

Im Außenposten befahl uns der Anführer, die Fahrzeuge zu verlassen. Er erklärte vor versammelter Mannschaft seinen Plan. Nur die Frauen sollten auf den Lkws mitfahren und auf die Ladung aufpassen. Die Kinder rief er gesondert zu sich. Er versuchte uns aufzuheitern und versicherte uns, dass wir genug zu essen bekommen würden. Allerdings müssten wir wie die Soldaten den Konvoi zu Fuß begleiten. Es wäre einfach nicht genug Platz auf den Fahrzeugen, erklärte er uns. Nur die Kranken und ganz Kleinen durften mitfahren.

Ich gehörte dazu; mein Glück war aber nicht von großer Dauer. Kurze Zeit später kam ein großes wassergefülltes Schlagloch auf der Straße. Der Fahrer meines Lkw wich ruckartig aus und verlor die Kontrolle über das Fahrzeug. Obwohl er scharf bremste, krachte der Transporter in eine Baumgruppe. Als er zum Stehen kam, war ich zwischen einer Munitionskiste und einem dicken Ast eingequetscht. Ich rief um Hilfe. Die anderen Mitfahrer versuchten, den Ast von meinem Rücken wegzuziehen, aber ohne Erfolg. Er war zu dick. Dann hatte jemand die Idee, die Munitionskisten unter mir abzutragen. So kam ich frei, hatte aber vom Fahren endgültig genug. Der Konvoi bewegte sich sowieso nur im Schritttempo voran. Ich entschied mich, zu Fuß zu gehen.

Bald darauf erreichten wir einen trockenen Streifen Land, der von Wasser umgeben war. Auf dieser Insel im Sumpf gab es viele Tiere. Sie hatten keine Möglichkeit zur Flucht und waren deswegen eine leichte Beute für uns. Hier gab es Fleisch im Überfluss. Es tat gut, die vielen Rauchsäulen und Feuerstellen zu sehen, an denen es zubereitet wurde.

Der Konvoi fuhr mehrere Male von diesem Platz aus zum Außenposten in Kapoita und transportierte Menschen und Fleischvorräte dorthin. Ich wurde mit einigen anderen bei der Kaserne in Kapoita im Südsudan abgeladen und verbrachte die Nacht unter freiem Himmel. Am nächsten Morgen wurden wir Kinder von der Kasernenverwaltung in die örtlichen Gegebenheiten eingewiesen. Man zeigte uns die Luftschutzhöhlen und schärfte uns ein, immer nach Flugzeugen am Himmel Ausschau zu halten. Kapoita sei ein beliebtes Ziel der arabischen Regierung.

Trotz dieser Warnungen waren wir völlig unvorbereitet, als am zweiten Tag eine Antonow am Himmel erschien und geräuschlos näher kam. Wir hätten das Flugzeug nicht einmal bemerkt, wenn nicht andere plötzlich in verschiedene Richtungen auseinandergestürmt wären.

„Was ist denn los?", riefen wir ängstlich.

„Schnell, zur Höhle! Eine Antonow kommt!", schrie jemand.

Ich warf mich in eins der Erdlöcher. Dort kauerte ich mich hin und lauschte dem Pfeifen der Bomben. Die meisten Treffer galten dem Marktplatz. Die Dorfbewohner, die noch keine Deckung hatten, stürzten auf die Höhleneingänge zu. Ein Mann rannte gerade quer über das Fußballfeld, als ihm ein Schrapnell den Kopf abriss. Sein Körper lief weiter. Erst als er gegen einen Baum prallte, fiel er um. Es war ein schrecklicher Anblick.

Der Bomber drehte noch eine Runde über dem Marktplatz. Er warf zwei weitere Sprengkörper ab und verschwand dann am Horizont. Als der Markt später wieder seinen Betrieb aufnahm, konnte man das menschliche Fleisch kaum von dem unterscheiden, das zum Verkauf stand.

Wir hatten keine andere Wahl, als in Kapoita zu bleiben: Hier gab es zu essen. Dass außerdem noch Bomben fielen, konnten wir nicht ändern. Unser nächstes Bombardement dauerte jedoch zwei Tage. Die SPLA verlegte uns daraufhin nach Narus, eine Siedlung nahe der kenianischen Grenze. Wir brauchten mit dem Lkw etwa einen Tag bis dorthin. Man versprach uns, für genügend Nahrungsmittel zu sorgen.

In Narus wurde ich in die zweite Klasse gesteckt. Wieder in der Schule! Wir waren nicht sehr viele. Um die Weihnachtszeit gab es dann das Gerücht, eine große Anzahl von Kindern sei auf dem Weg zu uns. Jedoch trafen erst im April 1992 die ersten Gruppen von ihnen ein. Es waren Kranke und Verwundete, die das Internationale Rote Kreuz zu uns brachte. Im Laufe des Monats fand ich schließlich auch einige Freunde aus Panyido wieder.

Einer von ihnen erzählte mir, was mit meinem Cousin Dut Mayout passiert war. Der Neuankömmling hatte sich daran erinnert, dass ich mit Dut verwandt war. Ich hatte meinen Cousin das letzte Mal in Panyido gesehen. Was mir der Junge berichtete, war grausam: Dut hatte es wie ich bis nach Pachala geschafft. Dann wurde die Siedlung von Truppen aus dem Norden angegriffen. Er war zu schwach, um zu fliehen. Zwei Tage lang lieferten sich die SPLA und die arabischen Milizen erbitterte Kämpfe. Die Feinde gewannen jedoch die Oberhand und nahmen Pachala ein. Wenige Tage später eroberte die Volksbefreiungsarmee die Siedlung zurück. Sie kamen dabei an eine ausgebrannte Hütte, in der sie die verkohlten Leichen einiger Kinder fanden. Dut war eine von ihnen.

Für unsere Unterkunft – eine große Plastikplane, die man wegen des andauernden Regens verteilt hatte – gingen wir gemeinsam in den Wald und besorgten Stützen. Innerhalb von einer Woche waren wir eine verschworene Gemeinschaft. Aber auch das war nicht von Dauer; die Regierungstruppen aus Khartum rückten weiter vor. Am 25. April griffen sie Kapoita an und entrissen es der Kontrolle der SPLA. Dann kamen die Flieger nach Narus. Um drei Uhr nachmittags befahl man uns plötzlich, zur kenianischen Grenze zu fliehen. Der Feind war da!

Wir schnappten uns Decken und Wasserkanister und rannten los. Erst als wir vor Müdigkeit nicht mehr laufen konnten, gönnten wir uns etwas Ruhe. Wir legten uns zu einer anderen Gruppe von Flüchtlingen. Dieses Mal jedoch vergaß mein Körper im Schlaf die Flucht. Ich verschlief den gesamten Aufbruch meiner Freunde. Als ich wieder zu mir kam, war niemand mehr da.

Ich wurde von Männern aus dem Schlaf gerissen, deren Uniform ich nicht kannte. Ihre Gewehre hatten lange Läufe und sahen sehr nach denen der arabischen Milizen aus – ganz anders als die Kalaschnikow AK-47 unserer Soldaten. Sie sprachen mich in einer fremden Sprache an.

Ich begann zu zittern. Vor Angst brachte ich kein Wort heraus, bis ein sudanesischer Flüchtling herbeigerufen wurde, der Englisch sprach. Er erklärte mir, dass es sich um kenianische Soldaten handelte. Sie wollten uns helfen. Ich brauchte keine Angst haben. „Nur Mut!", übersetzte er. „Lauf in diese

Richtung, bis du zur Grenze kommst. Dort findest du die anderen."

Am Grenzstreifen hatten sich viele Flüchtlinge versammelt, die alle nach Lokichoggio in Kenia wollten. Auch das Internationale Rote Kreuz war da. Ich ging zu einer Gruppe von Jungen, die in einer Schlange auf Essen warteten. Es war zwar schön, etwas zwischen die Zähne zu bekommen, aber innerlich kochte ich vor Wut. Wieso hatte mich niemand geweckt? Warum hatte man mich einfach am Straßenrand zurückgelassen?

Da fiel mir eine Geschichte ein. Ein Lehrer hatte sie mir einmal erzählt. Sie handelte von einem Fuchs mit schlechten Manieren. Der Fuchs erledigte sein Geschäft einfach immer dort, wo er war. Es war ihm egal, wo er seinen Dreck hinterließ. Die anderen Tiere und auch die Menschen waren darüber schockiert. Jeder wusste, wer der Übeltäter war, aber niemand sprach ihn an.

Eines Tages wurde es dem Hasen zu bunt. Er beschwerte sich beim Fuchs: „Was ist denn los mit dir, Fuchs? Warum liegen überall unter den Bäumen und auf dem Weg deine Häufchen herum? Es weiß doch jeder, dass du das bist! Schämst du dich denn überhaupt nicht?"

Der Fuchs war verblüfft. „Weißt du, ich hatte nie einen Bruder oder Freund, der mir gesagt hat, was richtig oder falsch ist", erwiderte er dem Hasen. „Ich dachte immer, es wäre normal, seinen Dreck einfach liegen zu lassen. Mittlerweile ist das leider zu einer festen Gewohnheit geworden. Ich glaube nicht, dass ich mich noch ändern kann."

Mein Leben war wie das vom Fuchs, dachte ich. Warum hatte mich keiner aufgeweckt? Warum waren alle einfach gegangen? Auch ich hatte keinen Bruder, keinen Freund.

12 Hungern für die Schule

ICH VERBRACHTE EINIGE Monate in Lokichoggio. Dann brachte man mich und die anderen Jungen in ein Flüchtlingslager mit Namen Kakuma. Das große Areal lag unweit der Grenze und war von der kenianischen Regierung und dem Flüchtlingskommissariat der Vereinten Nationen bereitgestellt worden. Es bestand aus dürrem Land, das mit vereinzelten Hütten des Volkes der *Turkana*, verkrüppelten Bäumen und Sträuchern durchsetzt war. In einiger Entfernung markierte eine Hügelkette die Grenze zwischen dem Sudan und Kenia. Aus Plastikplanen und Pfählen, die uns zur Verfügung gestellt wurden, errichteten wir einige Unterkünfte. Die Planen waren weiß und trugen den blauen Schriftzug „UNHCR".

Unter Akazienbäumen am trockenen Flussbett wurde unsere Schulbildung fortgesetzt. Im darauffolgenden Jahr, 1993, zogen wir in frisch vom UNHCR fertiggestellte Schulräume. Kakuma war inzwischen zu einem riesigen Lager angewachsen. Neunzehn Grundschulen waren im Bau, außerdem eine Bibliothek. Es gab genügend kenianische Lehrer, auch die Lehrbücher und Schulmaterialien reichten für uns alle.

Wir waren entschlossen, unsere Chancen gut zu nutzen. Manchen fiel das Lernen schwer; trotzdem erhielten die meisten von uns 1994 die erste Schulbescheinigung, das „Kenya Certificate of Primary Education". Auf diese schöne Errungenschaft folgte jedoch nur Langeweile. Wir hatten plötzlich nichts weiter zu tun, als unseren Gedanken über die Zukunft nachzuhängen. In Kakuma war unser Glück nicht zu finden; davon waren wir überzeugt.

Rastlosigkeit breitete sich aus. Manche wollten auf die Suche nach weiterführenden Schulen gehen, andere nach ihren Eltern forschen. Ohne Geld war aber an ein Überleben außerhalb des Flüchtlingslagers nicht zu denken. Wir hatten keinerlei Bargeld, nur die monatlichen Rationen an Mehl, Öl und gelegentlich rohem Mais oder Langbohnen. Jede Gruppe von Jungen erhielt ihre Rationen gesondert. Also aßen wir so wenig wie möglich und verkauften den Rest. Bald waren wir wieder schwach vor Unterernährung, aber die Münzen in unseren Taschen trösteten uns. Wir wollten Schulbildung. Wir brauchten Bücher. Keiner von uns hatte Eltern, die ihn unterstützen konnten. Wir mussten für uns selbst aufkommen.

Wieder kam Weihnachten. Ich fasste den Entschluss, in den Sudan zurückzukehren, um nach meinen Eltern zu suchen. Dass ich dafür die Kriegsgebiete durchqueren musste, nahm ich in Kauf. Dann hörte ich, dass in der Äquatorialregion des Südsudan erneut Kämpfe ausgebrochen waren. Ich musste mein Vorhaben verschieben. Niemals würde ich es unversehrt bis dorthin schaffen, wo ich meine Eltern vermutete: die Bahr al-Ghazal-Region.

Kurz darauf machte eine Neuigkeit die Runde: Im Nordosten Kenias, in einem anderen Lager namens Ifo, konnte man Anträge zur Umsiedlung in die USA stellen! Das Lager war eigentlich für Flüchtlinge aus Somalia gedacht; trotzdem, so sagte man uns, hätte man schon viele sudanesische Kinder zugelassen. Ich zählte meine Münzen, stieg in einen Bus und fuhr in Richtung Nairobi.

Nairobi! Ich hielt Nairobi für ein Nachbarland von Kenia. In einem unserer Schulbücher gab es ein ganzes Kapitel darüber. In Nairobi bauten die Menschen Häuser übereinander, bis zu einhundert Stück auf einmal! Dann gab es dort Dinge, die man Züge nannte. Sie brachten Menschen zum Hafen von Mombasa. Der Verkehr in Nairobi hatte uns alle fasziniert. In unserem Buch stand, dass die Leute dort nicht Räubern oder Krankheiten zum Opfer fielen, sondern bei Verkehrsunfällen starben. Der einzige Schutz davor war die Macht der Ampeln: Rot bedeutete Gefahr, Gelb hieß Achtung, und bei Grün durfte man die Straße überqueren.

Auf einer Seite im Buch war ein Foto vom Verkehr in Nairobi abgebildet. Wir hatten uns alles eingeprägt. Aber was waren Telefone? Faxgeräte? Wie sahen die Häuserstapel aus? Und wie fuhr der Zug durch den Berg? Für uns klang dies alles wie eine fremde Welt.

Wenn ich doch wenigstens Nairobi sehen durfte! Dann könnte Amerika warten. Die Busfahrt dauerte die ganze Nacht; erst am nächsten Morgen erreichten wir die Stadt Ketali. Hier sah ich meinen ersten Häuserstapel. Gerade waren die Fensterputzer am Werk. Ich war jedoch ziemlich enttäuscht. Die Häuser waren nicht größer als die Bäume.

Unser nächster Halt war Eldoret. Hier waren die Gebäude schon viel größer und der Verkehr noch dichter. Weil mein Geld alle war, musste ich in Eldoret aussteigen. Ich wanderte ziellos durch die Stadt und guckte mich satt an den Gebäuden, Ampeln und Autos, die viel kleiner waren als die Lkws, die ich kannte. Außerdem gab es Autos in einer Fülle von verschiedenen Modellen und Farben. Darauf hatte mich das Schulbuch nicht vorbereitet.

Ich lernte eine sudanesische Familie kennen, die mich zu sich nach Hause einlud. Eine Woche durfte ich bei ihnen wohnen. Die Eltern überredeten mich, wieder nach Kakuma zurückzukehren; eine Busfahrkarte wollten sie mir auslegen. Das Umsiedlungsprogramm in Ifo gebe es nicht, sagten sie. Niemals würde ich in Ifo auf mich allein gestellt überleben. Dafür sei ich viel zu jung.

Am ersten Weihnachtstag 1994 folgte ich ihnen also kleinlaut zum Busbahnhof. Ich war traurig und enttäuscht, dass sie mich so abschoben. Ihre eigenen Kinder würden sie nach Ifo schicken und den Antrag stellen, das wusste ich. Trotzdem bedankte ich mich für die Gastfreundschaft und stieg in den Bus nach Kakuma.

Ich brauchte mehr Geld, wenn ich es allein bis zur Antragstellung in Ifo schaffen wollte. Hartnäckig verkaufte ich meine Mehl- und Ölrationen. Endlich – am 20. April 1995 – verließ ich das Lager in Kakuma erneut. Dieses Mal schaffte ich es bis nach Nairobi. Ich sah die Hochhäuser mit eigenen Augen und übernachtete in der Stadt. Dann machte ich mich mit dem Bus auf nach Ifo. Zwei Tage später erreichte ich gemeinsam mit sieben anderen Jungen das Flüchtlingslager im Osten Kenias. Nach unserer Ankunft fanden wir heraus, dass das Umsiedlungsprogramm der „Joint Voluntary Agency" (Vermittlungsagentur) bereits ausgelaufen war. Wir waren zu spät gekommen. Alle anderen Antragssteller waren akzeptiert worden und warteten auf ihre Flüge in die USA.

* * *

Bevor ich mit meiner Geschichte fortfahre, möchte ich erzählen, was ich über die Menschen gelernt habe. Es gibt sehr unterschiedliche Typen. Inzwischen weiß ich: Der Charakter wird stark von der Erziehung geprägt, egal, ob man Eltern hat oder nicht. Wenn man bei jemandem aufwächst, für den Gutherzigkeit wichtig ist, wird man ebenfalls ein gutes Herz haben. Verbringt man seine Kindheit aber bei den falschen Menschen, kann das sowohl den Charakter als auch die Zukunft ruinieren.

Eine ebenso zerstörerische Kraft ist der Neid. Wer von einem Vormund mit eigenen Kindern aufgezogen wird, darf nicht talentierter sein als diese. Sonst besteht die Gefahr, dass die Eltern das Ansehen des Pflegekindes zerstören wollen. Die eigenen Kinder werden vor anderen in den Himmel gelobt, während über das Pflegekind nur Schlechtes erzählt wird. Manche Erwachsene nehmen Waisen auch nur deswegen auf, um sie auszunutzen. Selbst grundlegende Menschenrechte werden ihnen verwehrt. Es gibt ja niemanden, der für sie eintreten könnte.

Wir, die „Lost Boys", die „verlorenen Jungen", haben unsere Kindheit in einem von Krieg zerrissenen Land verbracht. Eine richtige Erziehung ist uns versagt geblieben. Unsere Talente sind nicht gefördert worden. Aber wir haben auch gute Menschen erlebt. Für sie hatte jeder Mensch Würde. Sie lebten nach dem Prinzip: Ein Mörder wird sein Leben lang von seiner

Tat verfolgt; wer aber denen hilft, die in Not sind, wird dafür belohnt.

In Ifo waren wir wieder mit vielen Schwierigkeiten konfrontiert. Die Situation hatte aber auch ihr Gutes: Ich konnte Lebensmittelkarten von den Jungen abkaufen, die nach Amerika abreisten. Sie brauchten Geld, um nach Nairobi zu fahren, und wir konnten jedes bisschen Nahrung gebrauchen. Von der Verwaltung des Flüchtlingslagers erhielten wir noch eine gute Nachricht: Für uns sieben Verspätete war noch nicht alles verloren. Die „Joint Voluntary Agency" würde am 10. Oktober ihre Arbeit wieder aufnehmen.

Unsere kleine Gemeinschaft wuchs schnell an. Bald reichten unsere fünfzig Lebensmittelkarten nicht mehr aus, um uns satt zu bekommen. Der Juli 1995 war ein besonders magerer Monat. Um die Nahrungsversorgung dennoch einigermaßen sicherzustellen, war das Flüchtlingskommissariat der Vereinten Nationen gezwungen, mit religiösen und politischen Oberhäuptern zu verhandeln. Die sudanesische Flüchtlingsgemeinschaft war bei den Verhandlungen leider nicht vertreten. Die anwesenden Abgesandten versuchten für ihre jeweiligen Volksgruppen unlautere Vorteile herauszuschlagen. Man hatte sich zwar zuvor darauf geeinigt, dass die Sudanesen im August noch mehr Rationskarten bekommen sollten, nun wurde dieses Datum aber plötzlich verschoben. Unsere Karten wurden von UNHCR konfisziert. Wir sollten sehen, wie wir zurechtkamen.

Die Flüchtlinge aus Somalia machten einen Großteil der Lagerbewohner aus. Ihnen ging es dementsprechend besser. Wer von uns Geld oder Kleidung hatte, tauschte es bei ihnen gegen Nahrung ein. So konnten wir uns gerade über Wasser halten.

Irgendwie hielten wir bis zum 10. Oktober durch. Doch dann hieß es, nur Somalier wären für die Umsiedlung antragsberechtigt. Pech gehabt! Wir hatten keine Kleidung mehr zum Tauschen. Ein paar Jungen kehrten nach Nairobi zu ihren Verwandten zurück, die sie während der Wartezeit unterstützt hatten. Ich konnte nirgendwo hin. Nur das Lager in Kakuma kam infrage. Aber ich brauchte Geld für die Busfahrt.

Es blieb mir nur eins: meine Arbeitskraft. Freunde und ich belagerten die Somalier und bettelten um Gelegenheitsarbeiten. Wir halfen beim Bau der Wellblechhütten oder hoben Latrinengruben aus. Unsere Dienste machten ihnen das Leben leichter. Die somalischen Flüchtlinge, für die wir schufteten, waren Muslime; wir waren Christen. Die religiösen Differenzen hatten zwischen unseren Kulturen Zwietracht gesät. Trotzdem waren sie unsere einzige Hoffnung auf Arbeit. Wir mussten unseren Frust und unseren Stolz überwinden und uns ihnen unterordnen.

Als das Jahr 1996 kam, waren wir noch immer am Leben. Aber es war ein täglicher Kampf. Ich hatte glücklicherweise einen kenianischen Polizisten als Freund gewonnen; er hieß Kamau und war vom UNHCR in Ifo stationiert. Dank Kamau bekam ich jeden Tag etwas zu essen, obwohl es nicht seine Aufgabe war. Als man mir verbot, ihn in seinem Quartier zu besuchen, kam er zu mir in den sudanesischen Bereich. Erst durch seine Versetzung verlor ich meine Ernährungsgrundlage wieder.

Irgendwann waren wir so schwach, dass wir nicht aufstehen konnten, ohne dass uns schwindelig wurde. Ich erinnere mich an die schwarzen Punkte vor den Augen und die verschwommene Sicht. Erst nachdem man etwas gewartet hatte, verschwanden die Punkte und man konnte losgehen. Andere fielen nach dem Aufstehen wieder um. Manche wurden sogar zeitweilig blind und mussten geführt werden. Sobald wir etwas Geld verdient hatten, kauften wir uns Langbohnen davon. Sie waren nicht besonders nahrhaft, aber für die Dauer eines guten Jahres unsere einzige Verpflegung.

Auch das Jahr 1997 brachte uns, den sudanesischen Flüchtlingen in Ifo, weder Lebensmittelkarten noch die erhoffte Umsiedlung. Inzwischen hatten wir uns an die Demütigungen durch die Somalier gewöhnt. Ich war nun dreizehn oder vierzehn Jahre alt, bekam aber trotzdem stets zu hören, ich sei noch zu jung zum Arbeiten. Noch nicht einmal die Kleidungsstücke der somalischen Flüchtlinge durfte ich waschen. Nur dann und wann hatte jemand Mitleid mit mir und meinem Freund Chol Biem. Dann bekamen wir etwas zu essen, bevor man uns wegschickte. Ich hatte noch immer nicht genug Geld, um nach Kakuma zurückzukehren.

Chol hatte ich in Ifo kennengelernt. Wir waren gleich alt; er war etwas kleiner als ich. Er trat so optimistisch auf, als wäre er mit seinen Eltern hier. Natürlich war das nicht der Fall. Trotzdem lautete sein Motto: „Ach, nicht so schlimm. Nur nicht unterkriegen lassen."

Eines Morgens wandten wir uns an die Äthiopier in Ifo. Ein Mann war gerade dabei, seinen Zaun zu reparieren. „Bitte, dürfen wir Ihnen helfen?", bettelten wir.

„Tut mir leid", antwortete er. „Ihr seid doch noch Kinder. Das hier ist was für Männer." Unser Anblick muss elend gewesen sein. Wahrscheinlich fügte er deswegen hinzu: „Ich hole euch trotzdem etwas zu essen. Ihr müsst nicht dafür arbeiten."

Wir fingen an zu verhandeln, aber er lachte nur. „Ihr könnt das nicht. Warum seid ihr so versessen darauf?" Dann seufzte er und warf uns einen zweifelnden Blick zu. „Also gut. Einen Meter Zaun dürft ihr bauen. Ich hole inzwischen euer Essen. An die Zaunspitze kommt ihr nicht heran, das mache ich dann."

Hier war unsere Chance! Wir machten uns mit der ganzen Kraft, die uns geblieben war, an die Reparatur. Chol setzte mich sogar auf die Schultern, damit ich doch bis ganz nach oben heranreichte. Als der Äthiopier zurückkehrte, hatten wir unseren Abschnitt fertig, teilweise sogar bis zur Spitze des Zauns. „Hey, gute Arbeit!", rief er erstaunt. „Ich habe mich wohl geirrt. Vielen Dank!"

Er gab uns das versprochene Mittagessen. Als wir satt waren, drückte er uns dreihundert Kenia-Schilling in die Hand. Das war der Wochenlohn eines hart arbeitenden Erwachsenen! Außerdem bat er uns, am nächsten Tag wiederzukommen. „Es gibt noch mehr Arbeit am Haus", sagte er.

Wir waren stolz und aufgeregt. Den ganzen Weg zurück schmiedeten wir Pläne. Wir wollten es bei allen, die uns geholfen hatten, wiedergutmachen. Unsere kleine Gemeinschaft bestand aus 59 Jungen; alles, was wir besaßen, wurde untereinander geteilt. Chol und ich waren uns einig, dass jeder einen Anteil bekommen sollte. Freudestrahlend begrüßten wir unsere Kameraden. Aber anstatt sich mitzufreuen, ernteten wir argwöhnische Blicke von ihnen. „Woher habt ihr das Geld? Habt ihr etwa die Äthiopier beklaut?" Bald darauf hatten wir sie jedoch von unserer Unschuld überzeugt. Vergnügt lachten wir gemeinsam über unser großes Glück.

Am nächsten Tag waren wir pünktlich bei Gheto, unserem äthiopischen Gönner. Er gab uns Aufgaben, die auf seinem Gelände zu verrichten waren, und verließ uns dann, um zur Kirche zu gehen. Wir arbeiteten unbeirrt den ganzen Tag hindurch und ließen uns das von ihm bereitgestellte Essen schmecken. Wieder hatten wir gutes Geld verdient. Bald darauf gab man uns sogar einen festen Job: Wir holten für seine Kirche frisches Wasser in einer Schubkarre. Unser Monatslohn betrug tausendzweihundert Kenia-Schilling.

Auf dieser Basis konnten wir die lange Wartezeit auf die Umsiedlung gut überstehen. Wegen unseres guten Rufes bekamen wir von anderen Leuten noch mehr Aufträge. Eigentlich sollten wir in der Schule sein und lernen; stattdessen hatten wir das gute Gefühl, unser eigenes Geld zu verdienen. Mit einem Teil davon unterstützten wir weiterhin unsere kleine Gemeinschaft. Viele unserer Freunde wollten nach Kakuma zurück und brauchten Fahrgeld, außerdem musste tagtäglich Essen gekauft werden. Trotzdem gelang es Chol und mir, etwas Geld beiseitezulegen. Unsere Bank war ein großer freundlicher Äthiopier, der es für uns aufbewahrte. Nach einer Weile hatte ich siebentausend Kenia-Schilling gespart, Chol neuntausend.

Gheto bat uns, noch mehr Jungen zur Arbeit mitzubringen. Kurz darauf musste er geschäftlich nach Nairobi. Er betraute mich mit der Verantwortung für das Haus und seine 48

Lebensmittelkarten. Chol bekam inzwischen vom UNHCR eine andere Arbeit: Er überwachte die Verteilung von Öl und Mehl an die somalischen Flüchtlinge. Zweimal im Monat wurden in Ifo die Rationen ausgegeben; wer die Zuteilung vornehmen durfte, konnte sich glücklich schätzen. Plötzlich gehörte Chol zu den Privilegierten. Diese Entwicklung war natürlich auch für uns von Vorteil: Meine Freunde und ich stellten uns mit den 48 Lebensmittelkarten bei Chol an, und er und seine Kollegen vom UNHCR ließen sich nicht lumpen.

Trotz allem hatte ich das Ziel einer ordentlichen Bildung nicht aufgegeben. Bildung war nach wie vor die Grundlage für meine Hoffnung auf eine bessere Zukunft. Die Gelegenheitsarbeiten und das Abholen der zweiwöchentlichen Rationen ließen mir genügend Freiraum, um mein Ziel zu verfolgen. Also meldete ich mich bei einer somalischen Sekundarschule an. Von den erwachsenen Sudanesen in Ifo erntete ich Zustimmung für diesen Schritt. „Du kannst deinen Traum verwirklichen", sagte jemand zu mir. „Wir stehen hinter dir. Deine Pläne sind gut, und an Ideen mangelt es dir auch nicht. Du wirst schon durchkommen, auch wenn dir die Zeit in der Schule zum Arbeiten fehlt. Du schaffst das! Gott hilft dir."

Während meine Lage allmählich immer besser wurde, sah es für unsere sudanesische Gemeinschaft in Ifo nach wie vor schlecht aus. Noch immer wurden uns von offizieller Seite aus die Lebensmittelkarten vorenthalten. Auch um die Sicherheit im Lager war es nicht gut bestellt. Eines Nachts schoss ein Somalier wild in unserem Bereich herum. Ein Sudanese wurde getötet, viele weitere verletzt. Was sollten wir dagegen unternehmen? Wir waren die Minderheit in Ifo. Trotz allem waren die Somalier unsere Haupteinnahmequelle. Viele von uns schluckten ihren Ärger und Stolz herunter und erledigten weiterhin die Drecksarbeit für sie.

Manche sammelten auch Feuerholz und verkauften es ihnen. Das war jedoch alles andere als ungefährlich: In der Umgebung trieben Banditen ihr Unwesen. Wen sie schnappten, den ver-

höhnten sie wegen fehlender Stammeszeichen. Dann verpass-
ten sie ihm welche im Gesicht und an den Ohren, allerdings
mit einem scharfen Messer.

Einmal war ich selbst mit einem Dutzend anderer Jungen im
Busch. Wir waren dabei, Feuerholz zu sammeln, als uns drei
bewaffnete Banditen überfielen. „Das Holz hinwerfen! Runter
damit! Los, hinsetzen!", befahlen sie.

Wir gehorchten. Die Banditen inspizierten unsere Kleidung
und die Gürtel. Was ihnen gefiel, mussten wir ihnen geben. Gerade wollten sie uns ziehen lassen, da versetzte mir einer der
Räuber mit seinem Stock einen heftigen Schlag. Ich hatte ihn
nicht im Geringsten provoziert – er tat es einfach ohne Grund.
Meine Freunde und die anderen beiden Banditen waren entsetzt. „Kennst du ihn?", fragte mich einer der Räuber.

„Nein", antwortete ich.

Er wandte sich an seinen Gefährten. Auch dieser verneinte,
mich zu kennen. „Warum schlägst du ihn dann? Lass ihn in
Ruhe!", befahl er. Schließlich mussten seine Freunde ihn sogar
mit Gewalt bändigen.

Zurück im Lager fragten mich die anderen Jugendlichen
aus: „Warum war er so wütend auf dich? Vielleicht kanntet ihr
euch doch? Hattest du schon einmal Ärger mit ihm?"

So ist das Leben. Es gibt immer Leute, die jemanden zum
Hassen brauchen.

13 Das Wunder mit dem Vogelschwarm

DER GEDANKE AN die Umsiedlung war bei den sudanesischen Flüchtlingen in Ifo längst in den Hintergrund ge-
rückt. Unsere unmittelbare Sorge galt stets der Beschaffung
von Nahrungsmitteln. Weil neben uns die somalischen Mus-

lime wohnten, durften die sudanesischen Frauen ihren Bereich nicht verlassen. Gemeinsam mit ihren Kindern stellten sie daher im Lager Fallen für Tauben auf. Sobald nur wenig Verkehr herrschte, wurden diese aufgebaut. Die wenigen Vögel, die so gefangen werden konnten, lieferten dringend benötigtes Eiweiß.

Der Hohe Flüchtlingskommissar der Vereinten Nationen mochte uns zwar verlassen haben. Aber Gott war noch immer für uns da.

Nach einem ausgesprochen trostlosen Weihnachtsfest wurden im Januar 1997 wieder einmal die Netze über einigen Wasserlachen aufgespannt. Das Wasser sollte die Tauben anlocken. Da erschien plötzlich ein großer Schwarm unbekannter Vögel am Himmel – niemand von uns hatte diese Art je zuvor gesehen – und flog geradewegs in die Falle. Es waren so viele Tiere, dass wir für einen Moment völlig verblüfft stehen blieben.

Dann sprangen alle Leute gleichzeitig herbei, um die hilflos im Wasser zappelnden Vögel einzusammeln. Die ganze Prozedur wiederholte sich noch viermal, bevor der Vogelschwarm schließlich davonflog. Wir hatten nun mehr Fleisch, als wir essen konnten. Aber waren diese fremdartigen Vögel überhaupt genießbar? Jemand musste das Fleisch probieren. „Wer traut sich?", fragte jemand.

Wir Kinder ergriffen die Gelegenheit, als Erste etwas zu bekommen. Einige Vögel wurden über dem Feuer gebraten. Das Fleisch verströmte einen herrlichen Duft. Vorsichtig nahm ich ein Stück und biss ab. Es schmeckte noch besser als das Fleisch der Tauben!

Am Abend gab es nur ein Gesprächsthema: Würden die Vögel wiederkommen? Frühmorgens wurden die Netze wieder aufgespannt. Und tatsächlich: Um acht Uhr erschien der Schwarm erneut und setzte zum Sturzflug an. Es waren noch mehr Vögel als am Vortag. Eifrig machten sich Männer, Frauen und Kinder daran, die Tiere einzufangen. Die Erwachsenen hatten sogar ihre Arbeiten verschoben, um uns zu helfen. An diesem Abend wurden die Netze vergrößert. Und der Vogelschwarm kehrte zurück. Jeder sudanesische Flüchtling in Ifo wurde satt.

Am vierten Tag kamen Delegationen vom UNHCR und den umliegenden Flüchtlingsgemeinschaften zu uns. Sie wollten es mit eigenen Augen sehen. Unsere Fangtechnik wurde begutachtet. Die Flüchtlinge aus Uganda und anderswo kopierten unsere Methode und bauten die Wasserfallen in ihrem Bereich nach. Am nächsten Morgen flatterten wieder lauter Vögel hilflos in unseren Netzen. In die anderen Fallen verirrte sich nicht ein einziges Tier.

Jeden Tag fiel der Schwarm erneut nur bei uns ein. Das ganze Spektakel dauerte eine Stunde. Danach kehrte für den Rest des Tages Ruhe ein. Zwischen den einzelnen Attacken am Morgen blieben immer einige Vögel da und pickten auf dem Boden herum. Scheinbar uninteressiert sahen sie zu, wie wir die Netze wieder fest machten. Dann kehrte der Schwarm wieder und wieder zurück – insgesamt fünfmal. Wir wussten inzwischen schon, dass es nach dem fünften Beutezug sinnlos war, auf die Vögel zu warten. Sie kamen nicht wieder. Wir konnten einpacken und zu unseren Behausungen gehen. Außerdem hatten wir zu diesem Zeitpunkt mehr Tiere gefangen, als wir verspeisen konnten. Mitarbeiter vom UNHCR und Flüchtlinge von überall her standen inzwischen bei uns Schlange, um unsere Beute von uns abzukaufen: drei Kenia-Schilling für einen Vogel! Aus einem Teil unseres Fangs machten wir auch Dörrfleisch. Die verzweifelte Suche nach Nahrung war für die Sudanesen in Ifo endlich vorbei. Nie wieder mussten wir für die Somalier Toilettengruben ausheben.

In jener Zeit kamen die langwierigen Verhandlungen der Behörden zu einem Ende. Man teilte uns mit, dass vom 10. Oktober 1997 an auch die Flüchtlinge aus dem Sudan Lebensmittelkarten bekommen sollten. Mit diesen Karten würden wir endlich an Nahrung, Decken, Kochgeschirr, Teller und andere Schätze kommen! Ungeduldig erwarteten wir die Ausgabe der Dokumente und fingen bis zum Morgen des 9. Oktober weiterhin unsere tägliche Ration Vögel.

Am 10. Oktober tauchte nicht ein einziger Vogel auf.

Uns allen war klar, dass Gott so lange für uns gesorgt hatte, wie wir es brauchten. Den Tag über waren wir damit beschäftigt, die angelieferten Rationen zu verteilen und zu organisieren. Am Abend spannten dennoch einige die Netze auf. Allesamt waren wir gespannt, was am nächsten Morgen geschehen würde.

„Die Vögel kommen nicht", sagte jemand. „Gott schickt sie nicht wieder. Jetzt hilft uns das UNHCR!"

„Wehe, jemand fängt einen Vogel!", warnte ein anderer. „Ich zerschneide die Netze und helfe ihm zu entkommen!"

„Lasst sie doch einfach in Ruhe trinken. Das sind wir ihnen schuldig. Schließlich haben sie uns neun Monate lang ernährt."

Der Schwarm kehrte nie zurück.

Am darauffolgenden Sonntag feierten wir ein großes Dankfest. Dass Gott auf unserer Seite war und die Sudanesen versorgt hatte, machte uns überglücklich. Der Gedanke allein bedeutete uns mehr als das verzehrte Fleisch.

Ich habe einen Abschnitt aus der Bibel auswendig gelernt. Darin heißt es: „Jesus sagte zu seinen Jüngern: ‚Macht euch keine Sorgen um euren Lebensunterhalt, um Essen und Kleidung. Leben bedeutet mehr als Essen und Trinken, und der Mensch ist wichtiger als seine Kleidung. Seht euch die Raben an! Sie säen nichts und ernten nichts, sie haben keine Vorratskammern und keine Scheunen; aber Gott versorgt sie doch. Meint ihr nicht, dass ihr ihm viel wichtiger seid? Und wenn ihr euch noch so viel sorgt, könnt ihr doch euer Leben um keinen Augenblick verlängern.'" (Lukas 12,22-25)

Jahre später hat man mir gesagt, dass die Vögel Flughühner aus Botswana gewesen seien. Ich habe aber nie wieder ein solches Tier gesehen. Nirgendwo auf der Welt.

14 Freunde

DAS LEBEN WURDE langsam leichter. Gheto hatte mir vier seiner achtundvierzig Lebensmittelkarten übertragen: Ich bekam nun bei jeder Ausgabe der Rationen lauter schöne Dinge! Mittlerweile ging ich auch wieder in die Schule und erreichte „Form III", die dritte von vier Klassenstufen der weiterführenden Schule. Nebenbei belegte ich Kurse in Landwirtschaft und Schreinerei.

Der Tischlerkurs dauerte zwei Jahre. Nachdem ich ihn Ende 1997 abgeschlossen hatte, wollte ich mit meinem gesparten Geld eine Reise nach Nairobi unternehmen. Dort hoffte ich, einen Sponsor für die restlichen zwei Schuljahre zu finden. Einigen meiner Freunde war das bereits gelungen. Ich besaß siebentausend Kenia-Schilling; genug, dachte ich, um notfalls für mich selbst aufzukommen. Die kenianischen Behörden ließen diesen Traum jedoch platzen. Den Weg nach Nairobi musste ich mir mit etlichen Schmiergeldzahlungen freikaufen. Ich konnte froh sein, überhaupt mit etwas Bargeld in der Hauptstadt Kenias anzukommen.

Glücklicherweise traf ich auf der Busreise alte Freunde aus Ifo. Ich durfte vier Tage bei ihnen in Nairobi wohnen. Einer davon war William Agar. Insgeheim hatte ich gehofft, dass die Kirche mich unterstützen würde, wusste aber nicht, wohin ich mich dafür wenden sollte. Ich verriet Agar, dass ich mein Glück vielleicht in Uganda versuchen wollte. Daraufhin erzählte er mir von seinen Erfahrungen in Kampala: Die Chancen, von den Vereinten Nationen, einer nicht staatlichen Organisation oder einer Kirche unterstützt zu werden, stünden schlecht, sagte er. Stattdessen schlug er mir Daressalam in Tansania vor. Am 5. März 1998 brachte er mich zum Busbahnhof und ich löste eine Karte nach Daressalam.

Der Bus fuhr um fünf Uhr nachmittags. Wieder war ich unterwegs an einen Ort, den ich noch nie zuvor gesehen hatte.

Wieder kannte ich nicht einen Menschen. Und dieses Mal war ich wirklich allein. Es waren keine Flüchtlingskinder im Bus; niemand hatte dieselben Erfahrungen wie ich gemacht. Ich hatte weder Eltern noch einen Vormund, an den ich mich wenden konnte. Ich musste darauf vertrauen, mich allein durchzukämpfen.

Auf dem Platz neben mir saß ein Mädchen aus Tansania. Sie war groß und schlank und hatte dunkle Haut. Nicht lange, nachdem die Fahrt begonnen hatte, sprach ich sie an.

„Hallo", sagte ich.

„Hallo", erwiderte sie lächelnd, „ich bin Janet."

Kurze Zeit später redeten wir wie alte Freunde miteinander. Sie wollte wissen, warum ich allein reiste und ob ich in Daressalam Verwandte hatte. Ich berichtete von meinem Wunsch nach einer guten Bildung.

„Warum fährst du dann nicht nach Südafrika?", wollte sie wissen. „Dort gibt es doch gute Schulen."

„Mein Problem ist das Geld", erklärte ich. Trotzdem kam mir der Gedanke sehr attraktiv vor.

Der Bus erreichte Daressalam zur Mittagszeit. Es war brütend heiß. Straßenverkäufer mit nacktem Oberkörper boten schwitzenden Passanten Wasserflaschen an. Janet lud mich zum Haus ihrer Eltern ein, aber mich zog es weiter. „Welches Land kommt nach Tansania?", fragte ich.

„Malawi oder Mosambik, je nachdem. Nach Mosambik gibt es aber keine direkte Busverbindung."

Janet zeigte mir, wo der Bus nach Karonga in Malawi abfuhr. Ich kaufte eine Fahrkarte. Dann tauschte ich etwas Geld in Malawi-Kwachas um. Damit würde ich die Fahrt von Karonga nach Lilongwe in Malawi bezahlen. Nun hatte ich nur noch etwa fünfzig US-Dollar. Der Bus nach Karonga kam zu früh; der Fahrer erlaubte mir aber, die Nacht im Bus zu verbringen.

* * *

Am nächsten Morgen erwachte ich durch den Lärm der anderen Fahrgäste, die ihr Gepäck einluden und den Bus bestiegen. Ein Mann kam auf mich zu. „Du siehst nicht aus wie die anderen", sagte er auf Arabisch. „Woher kommst du?"

„Aus dem Sudan", antwortete ich.

„Salam aleikum", entbot er mir den arabischen Gruß.

„Wa saleikum as-salam", grüßte ich zurück.

Er war so froh, Arabisch zu hören, dass er meinen Sitznachbarn bat, mit ihm den Platz zu tauschen. „Ich bin aus Bangladesch", sagte er. „Die Afrikaner hier verstehen mein Englisch überhaupt nicht. Vielleicht kannst du mir ja helfen?"

Am Ende halfen wir uns gegenseitig. Wir teilten unseren Reiseproviant miteinander. Dabei sprachen wir über mein Leben.

„Warum bist du denn allein unterwegs?", wollte er wissen. „Bist du nicht noch zu jung dafür?"

Ich erzählte ihm meine Geschichte. Als er merkte, dass mein Englisch recht flüssig war, griff er in seine Reisetasche und brachte ein Buch hervor. Der Autor war David Schwartz. „Siehst du den Buchtitel? ‚Denken Sie groß. Erfolg durch großzügiges Denken' (München, Neuausgabe 2009; Originaltitel: „The Magic of Thinking Big"; d. Übers.). Das ist genau das, was du tust. Du gehst mutig ein großes Wagnis ein. Weil du willst, dass sich dein Traum erfüllt, machst du dich sogar ganz allein auf den Weg. Willst du das Buch lesen?"

„Sehr gern sogar", erwiderte ich.

„Ich habe leider nur dieses eine Exemplar", erklärte er. „Ich möchte es nicht verlieren. Lies es doch hier im Bus! Dann können wir uns gleich darüber unterhalten."

Das Buch war unglaublich. Es drehte sich genau um meine Probleme! Einen Absatz habe ich auswendig gelernt. Ich gebe ihn aus dem Gedächtnis wieder:

„Bekämpfen Sie Ihre Ängste und stärken Sie Ihr Vertrauen in alles, was Sie sich vornehmen. Egal, worauf Sie sich festlegen: Ziehen Sie es so lange durch und bleiben Sie dran, bis Sie herausgefunden haben, wohin es Sie führt." (freie Übersetzg.)

Die Themen des Buches faszinierten mich. Man sollte nicht so dumm sein, schrieb der Autor, auf Reisen zu gehen, ohne vorher die Kosten durchzurechnen. Sonst müsse man die Schande auf sich nehmen, Mitreisende anzubetteln. Mir sank der Mut. Was tat ich hier! Doch der Text ging zum Glück weiter: „Scheuen Sie sich jedoch nicht, um Hilfe zu bitten, wenn Sie sie wirklich brauchen. Der, der Ihnen heute hilft, hat vielleicht morgen selbst Hilfe nötig. Dann können Sie sich erkenntlich zeigen."

* * *

Zwei Tage später erreichten wir die Grenze zwischen Tansania und Malawi. Der Busfahrer gab uns zu verstehen, dass er uns fünf Kilometer vor dem Grenzübergang absetzen würde. Dort könne man Fahrradtaxis mieten und mit ihnen die Grenze überqueren.

Bei den Fahrrädern kamen wir mit einem Mann aus der Demokratischen Republik Kongo ins Gespräch. Er war wie wir unterwegs ins südliche Afrika. Wir taten uns zusammen; gemeinsam zu reisen war für uns alle von Vorteil. Unser neuer Begleiter spendierte vier Fahrradtaxis: eins für jeden von uns, das vierte für unser Gepäck.

Erst an der Grenze zu Malawi entdeckte ich, dass man für die Ausreise einen Pass brauchte. Wir wurden von einem tansanischen Grenzbeamten in ein Zimmer gerufen. Zuerst dachte er, ich sei mit dem Mann aus der Demokratischen Republik Kongo unterwegs. Als er hörte, dass ich den ganzen Weg vom Sudan ohne Begleitung zurückgelegt hatte, reagierte er erstaunt. Meine Freunde erklärten ihm die Situation im Sudan. Er nickte. „Die Malawier deportieren dich, wenn sie herausfinden, dass du aus dem Sudan kommst", sagte der Einwanderungsbeamte. „Es gibt ein Abkommen mit der Regierung des Sudan, dass Leute wie du nach Khartum zurückgebracht werden sollen. Also hör mir zu: Siehst du den Trampelpfad dort? Folge ihm bis hinunter zum Fluss. Du wirst auf ein paar Männer treffen. Sie helfen dir über die Grenze. Deine Freunde hier können an der Busstation auf der anderen Seite auf dich warten."

Es nieselte. Feine Regentropfen sammelten sich im hohen Gras, das den Trampelpfad säumte. Ich lief in Richtung Fluss. Irgendwann stieß ich auf zwei Männer, verstand aber nicht, was sie sagten. Plötzlich hielten sie mich fest und fingen an, mich zu durchsuchen. Der eine fand die fünfzig US-Dollar. Der andere entriss mir mein Hemd und die Schuhe.

„Was soll das?", protestierte ich.

„Halt den Mund! Ich bringe dich um und werfe dich in den Fluss!", zischte einer der Männer.

Ich hatte keine Angst vorm Tod. Zu viele Leichen hatte ich schon gesehen; Sterben war für mich genauso alltäglich wie Essen oder Schlafen. Trotzdem muss ich ziemlich erschrocken ausgesehen haben, denn der andere zeigte Mitleid mit mir. Er hatte mich an der Grenze mit meinen Freunden gesehen und tröstete mich, dass sie beim Bus auf mich warteten. Dann begleitete er mich über die Grenze und brachte mich zu ihnen.

Ich brauchte meinen Reisegefährten nicht viel zu sagen. Sie sahen meine nackten Füße, das fehlende Hemd und wussten Bescheid. Einer von ihnen hatte noch ein Paar Latschen im Gepäck, der andere gab mir ein übriges Hemd. Mein Freund aus Bangladesch bezahlte die Strecke bis nach Karonga für mich. Für meine Fahrkarte nach Mzuzu in Malawi legten sie beide zusammen.

Dort angekommen, besorgte der eine etwas zu essen für uns drei, der andere kam für die Unterbringung in einem Gästehaus auf. Und so ging es immer weiter. Meine Freunde hatten es sich anscheinend fest vorgenommen, mir aus meiner Misere zu helfen.

In Lilongwe, der Hauptstadt von Malawi, passte ich auf unser Gepäck auf, während sie sich nach der besten Unterkunft umsahen, die das Budget gestattete. Bei ihrer Rückkehr hatten sie drei Schlüssel dabei und waren in Begleitung eines Gepäckträgers. Ich sollte mein eigenes Zimmer bekommen! Am Hotel machten meine Freunde den Vorschlag, sich frisch zu machen, gemeinsam zu essen und dann früh schlafen zu gehen. Ich hatte eine Dusche für mich. Ich hatte mein eigenes Bad! Während ich mich abtrocknete, klopfte es an der Tür. Es war kaum zu glauben: Meine herzensguten Begleiter hatten mir ein neues Paar Schuhe, Hosen und ein Hemd gekauft! Es war ein erhebendes Gefühl, so kostbare Kleidung anzulegen. Sogar die Schuhe passten wie angegossen. Die beiden Männer warteten schon auf mich. Ich bedankte mich überschwänglich und mit vielen Worten. „Dankeschön, vielen Dank, liebe Freunde!"

Erfreut über ihren Erfolg gingen sie mit mir zum Speisesaal. Ich fragte mich, was wohl die anderen Gäste von uns dachten: drei elegant gekleidete Reisende, die miteinander lachten und erzählten, als wären sie eine Familie. Der Bangladescher war fast hellhäutig, mein kongolesischer Freund war braun und meine Haut schwarz.

Die Kellner schauten uns neugierig an. „Woher kommen Sie?", wollten sie von uns wissen. „Sie scheinen enge Freunde zu sein. Wie gehören Sie drei zusammen?"

Wir waren tatsächlich die besten Freunde. Gemeinsam dankten wir Gott und griffen fröhlich zu.

15 „Versprich mir ..."

MEINE BEGLEITER WOLLTEN nach Mosambik. „Der Junge sollte mit uns kommen", hörte ich den Mann aus Bangladesch am nächsten Morgen sagen. „Wir können ihn in Maputo zum UNHCR bringen. Dort bekommt er Unterkunft und Verpflegung."

„Er landet nur wieder in einem Flüchtlingslager", erwiderte der Mann aus dem Kongo. „Mosambik ist zu arm und die Versorgung in den Lagern miserabel. Er soll es lieber in Simbabwe versuchen. Wir bezahlen ihm die Busfahrkarte nach Harare."

„Aber dann ist er schon wieder auf sich selbst gestellt", sagte der Bangladescher.

„Er hat sich schon so oft allein durchgeschlagen. Und Simbabwe ist einfach besser für ihn."

„In Ordnung."

Also gingen wir zum Busbahnhof. Der Mann am Schalter sagte uns, dass der Bus nach Harare am Vortag abgefahren sei. Der Nächste komme erst in drei Tagen. „Warum fahren Sie nicht nach Blantyre?", schlug er vor. „Von dort gibt es Anschluss nach Harare."

Wir kehrten ins Hotel zurück. Nach einigen Beratungen akzeptierten wir den Vorschlag des Fahrkartenverkäufers. Ich sollte meine beiden Gefährten am nächsten Tag bis ins malawische Blantyre begleiten. Von dort aus würden sie nach Maputo umsteigen, und ich würde mit einem Bus ein Stück durch Mosambik und dann nach Harare in Simbabwe fahren.

* * *

Am übernächsten Tag um die Mittagszeit erreichten wir Blantyre. Der Anschluss meiner Begleiter ging abends um sechs, meiner erst am frühen Morgen. Ein letztes Mal erwiesen sie mir ihre Großzügigkeit und gaben mir genug Geld für eine Übernachtung, die Fahrkarte und etwas zu essen.

Ich verdanke diesen beiden Männern so viel. Sie haben mich auf der langen Reise von Nairobi immer wieder unterstützt. Und alles, was ich damals tun konnte, war, mich für ihre Hilfe zu bedanken. Ohne ausreichend Geld hatte ich mich leichtsinnig einfach auf den Weg gemacht.

Nachdem wir uns verabschiedet hatten, ging ich zum Fahrkartenschalter.

„Wo ist dein Pass, Junge?", blaffte mich der Angestellte an, sobald ich an der Reihe war. „Wo ist deine Begleitung?"

Ich versuchte ihm die Situation zu erklären, aber ohne Erfolg. Ich bot alle meine Überredungskunst auf; es interessierte ihn nicht. „In unsere Busse kommen keine illegalen Ausländer wie du", sagte er. „Verschwinde. Ohne Pass hast du hier nichts zu suchen."

Ich rannte, so schnell ich konnte, dorthin zurück, wo wir uns verabschiedet hatten. Meine Freunde waren noch da. „Hallo, junger Freund! Hast du deine Fahrkarte gekauft?", wollten sie wissen.

„Nein. Der Mann am Schalter gibt mir keine", sagte ich außer Atem. „Ohne Pass darf ich nicht mitfahren."

Gemeinsam gingen wir zum Schalter zurück. Der Fahrkartenverkäufer blieb hart. Schließlich ließen wir seinen Vorgesetzten rufen, der glücklicherweise entgegenkommender war. „Also gut", sagte er, „du kriegst einen Fahrschein. Aber nur unter der Bedingung, dass du an der Grenze zur Einwanderungsbehörde gehst."

Ich versprach es ihm und erhielt mein Ticket. Dann brachte ich meine Begleiter zu ihrem Bus. Ich winkte ihnen so lange nach, bis sie in der Ferne verschwunden waren.

* * *

Am nächsten Morgen war ich rechtzeitig am Busbahnhof. Der Bus nach Simbabwe kam, und die Passagiere reihten sich ein, zeigten dem Schaffner ihren Pass und ihr mitgebrachtes Geld. Der Vorgesetzte, der mir den Fahrschein verkauft hatte, war nirgendwo zu sehen. Ich stellte mich ganz hinten an. Einen Pass hatte ich nicht, und mein bescheidenes Bargeld wollte ich niemandem zeigen. Aber ich hatte eine gültige Fahrkarte. Zögernd ging ich auf den Schaffner zu.

„Ausgeschlossen!", brüllte er. „Wo hast du den Fahrschein her? Verschwende nicht meine Zeit. Geh zurück zu dem, der dir dieses Ding verkauft hat. Hier kommst du jedenfalls nicht rein!"

Es war niemand da, bei dem ich mich beschweren konnte. Ich rannte zum Büro des Vorgesetzten, aber es war noch zu früh und verschlossen. Als ich endlich meine Tränen abgewischt und mich wieder beruhigt hatte, war der Bus längst fort. Ich ließ mich auf die Erde nieder und begann zu grübeln. Wie sollte ich in Malawi überleben? Was sollte jetzt aus mir werden?

Da hörte ich eine Stimme. „Hallo, Junge. Hat man dich nicht in den Bus gelassen?" Es war der Vorgesetzte. „Komm, mit dem Auto holen wir ihn noch ein."

Der Bus hielt gerade die Straße hinunter an einer Tankstelle. Mein Fürsprecher rief den Fahrer und den Schaffner zu sich und erklärte meine Situation. Schließlich durfte ich doch noch einsteigen.

„Ich bekomme noch sechzig Kwachas von dir", sagte der Schaffner. Der Bus war gerade losgefahren, und ich hatte mich auf meinen Platz gesetzt. „Die sind für die Polizei in Mosambik. So viel kostet ein Passagier an der Grenze."

Ich zählte mein Geld. Es reichte nicht. Da gab mir der Kontrolleur zwei Einwanderungsformulare. Eins war für die Ausreise aus Malawi, das andere für die Einreise in Mosambik. „Wenn wir an der Grenze sind, dann gehen wir zur Einwanderungsbehörde, verstanden?"

Ich nickte.

Inzwischen waren die anderen Passagiere auf mich aufmerksam geworden. „Wo kommst du her, Junge?", fragte einer.

„Aus dem Sudan."

„Und wo ist deine Mutter? Hast du keine Eltern?", wollte ein anderer wissen.

Ich erklärte es ihnen: Der Krieg habe uns auseinandergerissen und ich wüsste leider nicht, wo meine Eltern seien.

„Eine Schande ist das", sagte ein dritter Fahrgast. „Hast du überhaupt schon etwas gegessen?"

So viele Mitreisende wollten meine Geschichte hören, dass ich immer wieder den Platz wechseln musste, bis wir an die Grenze kamen. Der Kontrolleur rief mich zu sich, um mich zur Einwanderungsbehörde zu bringen. „Das muss doch nicht sein!", protestierte eine Frau ohne Erfolg.

Ich musste unter einem Baum warten. Der Kontrolleur sprach mit dem Einwanderungsbeamten und zeigte auf mich. „Was soll ich schon machen?", hörte ich den Mann sagen. „Nehmen Sie ihn mit."

Wir stiegen wieder in den Bus und fuhren bald darauf über die Grenze. Noch einmal Kontrolle! Alle Passagiere mussten ihre Pässe abstempeln lassen. Ich wartete draußen. Überall waren Bettler: Kinder in meinem Alter, Blinde, Alte. „Einen Kwacha, mein Freund! Nur einen Kwacha!"

Es war scheußlich. Ich fühlte mich, als wäre ich einer von ihnen. Wieso mussten selbst in einem Land wie Mosambik die Kinder betteln? Sollten sie nicht in der Schule sein? Gingen Kinder in einem freien Land nicht in die Schule? Ich grub in den Taschen nach Geld. Dann rief ich die Kinder herbei. „Hier. Bitte. Da, nimm", sagte ich und verteilte die Münzen.

Irgendwann war das Geld alle. Ich ging zurück zum Bus. Die anderen Passagiere wurden noch immer kontrolliert. Was würde mit mir geschehen? „Sei auf der Hut", warnte mich ein Passant. „Die Polizei ist ziemlich hinterlistig."

Nach längerem Warten stiegen die Leute wieder in den Bus. Zwei Polizisten stellten sich bei der Tür auf und prüften, ob jeder Pass einen Stempel hatte. Ich ließ mich in der Schlange immer weiter nach hinten fallen. Als alle anderen Passagiere eingestiegen waren, versuchte ich an den Polizisten vorbeizuschlüpfen.

„Wo ist deine Mutter?", wollte einer der Beamten wissen.

Ich erstarrte auf der Treppe und erwiderte, dass ich keine Mutter habe. Ich sei aus dem Sudan.

„Sofort aussteigen!"

Der Busfahrer verriegelte die Tür und wollte losfahren. Ich

hörte die Reisenden rufen: „Halt! Warten Sie! Warten Sie auf den Jungen!"

Einer der Polizisten verschwand im Gebäude. Kurz darauf trat der Einwanderungsbeamte heraus und rief: „Wo ist John Garang aus dem Sudan?"

Ich heiße Aher oder auch Santino. John Garang ist der Name des Rebellenführers im Sudan. Immer, wenn man den Namen eines Sudanesen nicht weiß, sagt man John Garang. Ich ging zu dem Beamten.

Er legte mir die Hand auf die Schulter. „Versprich mir, dass du immer für die Freiheit kämpfst", sagte er leise. „Steig ein. Viel Glück."

Die Fahrgäste applaudierten. Von nun an wollten alle mit mir befreundet sein, und ich bekam von überall her Essen zugesteckt.

* * *

Am späten Nachmittag erreichten wir die Grenze von Simbabwe. „Hier, du kommst mit mir und hältst meinen Pass", schlug eine kräftige Frau auf dem Weg zur Kontrolle vor. Wir kamen anstandslos durch. „Warte auf mich dort am Zaun", bat sie mich anschließend. Während sie mir eine Cola kaufte, brachten drei andere Frauen etwas Reis und hart gekochte Eier aus dem Bus. „Komm, setz dich zu uns", sagten sie. Von anderen Passagieren bekam ich noch mehr Getränke.

Irgendwann war die Kontrolle vorbei. Der Fahrer ließ mich zuerst in den Bus einsteigen. Was für ein gutes Gefühl, das letzte Hindernis überwunden zu haben! Ich genoss die weitere Fahrt nach Harare.

Abends um neun hielt der Bus in der simbabwischen Hauptstadt. Es regnete. Außer mir stiegen nur zwei weitere Fahrgäste aus, die anderen wollten alle nach Beitbridge und Südafrika.

16 Ein Obdachloser hilft mir

DIE BUSHALTESTELLE WAR am Bahnhof. Überall waren Menschenmassen unterwegs. Ich sprach niemanden an, sondern suchte mir eine freie Bank und legte mich zum Schlafen darauf. Erst als der Bahnhof geschlossen werden sollte, weckte man mich und warf mich hinaus. Müde trottete ich hinter dem Sicherheitspersonal her. Der Bahnhof war wie leer gefegt. Draußen merkte ich, dass es schon spät abends war, und bekam Angst. Für ein Flüchtlingslager mochte mein Englisch ja reichen; aber nun war ich in Simbabwe! Wie sollte ich mich hier je zurechtfinden?

Vor dem Bahnhof traf ich auf eine Horde Straßenkinder, die mir etwas auf *Shona* zuriefen. Ich verstand kein Wort. Hinter ihnen humpelte mit schmerzverzerrtem Gesicht ein alter Mann her. Er sprach mich auf Englisch an, langsam und deutlich: „Was machst du hier, Junge?", fragte er. „Wo ist dein Schlafplatz?"

„Ich bin gerade angekommen, Sir", antwortete ich. „Ich weiß nicht, wo ich schlafen soll."

„Und woher kommst du?"

„Aus dem Sudan."

„Dem Sudan?", wiederholte er. „Dann freut's mich, dich kennenzulernen. Ich hatte mal einen sehr guten Freund, der war Sudanese ... Bin selbst obdachlos, mein Junge. Ein Bett kann ich dir nicht bieten. Aber du bist trotzdem mein Gast. Ich bringe dich zur Polizeiwache. Ich kenne die Polizisten, weißt du? Sie sind sehr nett und lassen dich bestimmt dort schlafen."

Ich hatte keine bessere Möglichkeit. Also folgte ich dem alten Mann.

„Und morgen zeige ich dir, wo das UNHCR ist", sagte er.

Auf der Polizeiwache sagte er dem Ordnungshüter am Schalter, dass ich gerade aus dem Sudan angekommen sei und niemanden hätte.

„Danke, dass Sie sich um den Jungen gekümmert haben", sagte der Polizist freundlich.

„Wissen Sie, ich bin schon alt", erwiderte der Greis. „Hab schon bessere Tage gesehen. Aber der Kleine hier ist noch jung! Und in seinem Land herrscht Krieg. Das UNHCR muss ihm doch helfen!"

Ich sah den alten Mann an. Er war sichtlich aufgewühlt. Außerdem zitterte er vor Kälte. Seine Kleidung war zerrissen und dreckig, er trug keine Schuhe. Und trotzdem war ich stolz darauf, ihn zu kennen. Seine Freundlichkeit hatte meine Angst verstummen lassen.

„Sie können hierbleiben", sagte der Polizist. „Im Warteraum ist Platz zum Schlafen. Das ist das Mindeste, was ich tun kann. Sie haben schließlich dem Jungen geholfen." Dann wandte er sich zu mir. „Wie lange bist du schon unterwegs? Wo hattest du denn das Geld her?"

Ich erzählte ihm, dass ich in Kenia aufgebrochen war; außerdem erwähnte ich meine Freunde aus Bangladesch und der Demokratischen Republik Kongo, die für fast alles aufgekommen waren.

„Hast du seit deiner Ankunft schon etwas gegessen?"

„Nein, Sir."

Inzwischen hatten sich einige Polizisten um uns versammelt. Einer von ihnen verschwand in einem Hinterzimmer und kehrte kurz darauf mit etwas Brot und zwei Bechern mit Fanta zurück. Einen gab er mir, den anderen dem alten Mann. Nachdem wir uns gestärkt hatten, brachte man mich zu einer Notunterkunft für Obdachlose. Sie war voll belegt; überall schliefen Leute. Es dauerte eine ganze Weile, bis ich ein freies Plätzchen auf einer Bank gefunden hatte.

Gegen Mitternacht kam ein anderer alter Mann in den Schlafsaal und setzte sich neben mich. Er sagte etwas auf Shona zu mir. Ich blickte ihn verwirrt an. Sofort verriet mich meine Hautfarbe. „Kommst du aus dem Sudan?", fragte er.

„Ja."

„Wann bist du angekommen?"

„Gestern."

Er schob die Hände in die Taschen und brachte einige Münzen hervor. „Kennst du das Geld?"

„Nein, Sir."

„Hast du kein ausländisches Geld dabei?"

„Nein."

Da reichte er mir fünf Simbabwe-Dollar. „Hier. Die könnten sich als nützlich erweisen. Du wirst morgen sicher Hunger haben."

Ich bedankte mich bei meinem Wohltäter. Den ganzen Tag über war ich beschenkt worden. Ich brauchte kein bisschen zu betteln!

* * *

Am nächsten Morgen weckte mich der allgemeine Aufbruchslärm. Ich folgte dem Menschenstrom. Wir kamen an der Stelle vorbei, wo ich den alten Mann von letzter Nacht verlassen hatte. Er schlief noch tief und fest. Als ich mich neben ihn setzte, schlug er die Augen auf. „Vielen Dank noch mal für Ihre Hilfe", sagte ich. „Schauen Sie mal hier", fügte ich hinzu und zeigte ihm die Münzen, die ich in der Nacht bekommen hatte. „Nehmen Sie. Ich schenke Sie Ihnen."

„Nein, danke", erwiderte der Alte, „ich möchte dein Geld nicht."

„Doch, bitte!", beharrte ich. „Das ist keine Bezahlung, nur ein kleiner Dank."

Der alte Mann weigerte sich. Mürrisch gab er mir zu verstehen, dass ich das Geld für Essen brauchen würde. „Ich weiß nämlich überhaupt nicht, wo das UNHCR ist", ergänzte er. „Oder sonst irgendein sudanesischer Verein. Versuch dein Glück bei der Polizei. Vielleicht wissen die etwas."

Mit diesen Worten stand der Alte auf und humpelte davon. Ich ging zum Schalter der Polizei, um sicherzustellen, dass sie mich nicht vergessen hatten. „Keine Angst", sagte der Polizist, „warte einfach dort auf der Bank. Es bringt dich bald jemand zum UNHCR."

Nach kurzer Zeit wurde mir jedoch langweilig. Ich hatte niemanden zum Erzählen und saß in einem düsteren Raum herum, dabei schien draußen die Sonne. Irgendwann erhob ich mich und ging durch das Tor auf die Straße. Ziellos schlenderte ich herum und spielte mit den Münzen in meiner Tasche. Die Gebäude waren kleiner als die in Nairobi und standen nicht so eng beieinander; außerdem sahen sie alle unterschiedlich aus.

Nachdem ich das Stadtzentrum erkundet hatte, machte ich mich auf den Rückweg. Als ich zum vierten Mal an demselben Gebäude vorbeikam, wurde mir jedoch klar: Ich hatte mich verlaufen. Eine Frau zeigte mir den Weg zum Gebäude der UNICEF. Vor dem Tor standen zwei Wachen. „Guten Morgen", sagte ich.

„Morgen", erwiderten sie.

Ich stand so lange herum, bis einer mich ansprach. „Kann ich dir helfen, John Garang?"

In meinem besten Englisch erklärte ich ihm, dass ich am Tag zuvor in Harare angekommen war und niemanden kannte. Ob mir jemand bei UNICEF helfen könne?

„Gerade sind zwei Brüder von dir hier vorbeigekommen. Sie wollten zur SPLA", antwortete der Wachmann. „Am besten, du gehst dorthin. Warte, ich notiere dir die Adresse."

Auf ein Stück Papier schrieb er: 14 Phillips Avenue, Belgravia.

„Folge dieser Straße, bis du an die Phillips Avenue kommst. Dann gehst du nach links. Es ist das erste Haus. Klopf einfach am Tor."

Ich folgte seinen Anweisungen. In einiger Entfernung entzifferte ich kurz darauf das Schild: „Embassy of Sudan", Sudanesische Botschaft. Sudan! Es war, als wäre ich zu Hause. Doch dann sah ich die Flagge. Kein grüner Streifen. Es war die

Botschaft des Nordsudan! An diesem Tor sollte ich lieber nicht klopfen. Ich rannte zurück zu den Wachleuten.

„Hast du es nicht gefunden?", fragte mich der eine.

„Sie haben mich nicht zur SPLA geschickt, sondern zur Arabischen Botschaft! Das ist doch unser Feind! Wenn sie mich sehen, dann machen sie ganz schlimme Sachen mit mir. Bitte lassen Sie mich rein. Kann ich mit jemandem vom Empfang reden?"

Der Sicherheitsmann lachte. „Hör mal, du bist falsch gelaufen. Du musst an der Botschaft vorbei bis zur Phillips Avenue. Da ist der richtige Ort für Schwarze wie dich."

Ich schlich mich an der Arabischen Botschaft vorbei, den Blick auf den Boden geheftet.

* * *

Das Gebäude an der Phillips Avenue wurde von einem Wachmann mit Maschinengewehr bewacht. „Bin ich hier richtig bei der SPLA?", fragte ich zögernd.

„Ja", sagte der Wachmann. „Warst du noch nicht hier?"

„Nein. Ich bin gestern erst gekommen."

„Okay. Du darfst reingehen."

Er schrieb meinen Namen auf seine Liste. Drinnen würden einige von meinen Brüdern warten, sagte er.

Auf dem Weg zur Tür sah ich die richtige Fahne im Wind wehen: drei Balken in schwarz, rot und grün, dazwischen schmale weiße Streifen. Vor lauter Erleichterung musste ich lachen.

Im Warteraum saßen zwei weitere junge Sudanesen. Sie umarmten mich und hießen mich willkommen. Dann zogen sie mich auf einen Stuhl. „Hey, *Jijamer*, von wo hast du dich denn durch den Busch hierher gekämpft?", fragte mich der Ältere von beiden. Mit „Jijamer", das auf Arabisch „Minderjähriger" oder „Rote Armee" heißt, hat man meine Generation in Panyido bezeichnet. Diesen Titel werden wir wohl für alle Zeiten behalten.

„Den ganzen Weg von Nairobi", antwortete ich.

„Na, dann hast du Glück, dass du es bis hierher geschafft hast", sagte er und lachte. „Bist du allein gefahren oder war noch jemand bei dir?"

„Ganz allein."

Der Jüngere ging und holte mir ein Glas Cola. „Hier", sagte der Ältere, „trink erst mal was. Dann kannst du uns deine Geschichte erzählen."

Ich nahm zwei Schluck und stellte das Glas auf den Tisch. Die beiden Jungen stellten sich vor: Der Ältere hieß Koul, der Jüngere Paul Wol. Beide kamen aus Bahr al-Ghazal wie ich und sprachen meine Sprache, Dinka.

„Ich habe dich in Kakuma gesehen", sagte Paul. „Schön, dass du hier bist! Da hat Gott aber auf dich aufgepasst."

„Zwischendurch war ich in Ägypten", erzählte Koul. „Als ich genug Geld zusammen hatte, bin ich mit dem Flugzeug nach Simbabwe geflogen."

Wir erzählten uns gegenseitig von unseren Erlebnissen.

„Wir wohnen im Refugee Transit Centre", sagte Paul. „So heißt unser Flüchtlingslager hier. Unser zuständiger Beauftragter ist Dr. Benjamin. Wir wollen ihn gerade sprechen. Du kannst erst einmal duschen gehen dort im Bad. Wenn wir bei Dr. Benjamin waren, dann bringen wir dich zum UNHCR."

Als ich fertig geduscht war, wartete Koul auf mich. Er wollte mich dem Beauftragten vorstellen, der schon draußen im Auto saß.

„Dr. Benjamin, das hier ist Aher", rief Koul, als wir auf das Auto zuliefen. „Kaum zu glauben, dass er es bis hierher allein durch den Busch geschafft hat, nicht wahr?"

Der Beauftragte schien nicht in der Stimmung, jemanden willkommen zu heißen. Vielleicht gefiel ihm die Art der Vorstellung nicht. Jedenfalls würdigte er mich keines Blickes. Stattdessen hielt er mir nur seine schlaffe Hand durch das heruntergekurbelte Fenster hin. „Bringt ihn zum UNHCR. Da gehört ihr Flüchtlinge hin. Keiner hat gesagt, ihr sollt zur SPLA kommen", sagte er.

Ich war sprachlos. Von meinen eigenen Leuten hatte ich erwartet, mit Verständnis behandelt zu werden. Sie wussten am besten, was unsereins im Krieg durchgemacht hatte. Dieser Wichtigtuer mit seinem Doktortitel beeindruckte mich überhaupt nicht.

Paul sah niedergeschlagen aus. „Was ist los?", fragte ich ihn, als der Mann davongerauscht war.

„Es hat sich wohl nichts geändert, seitdem die Araber Bomben auf uns geworfen haben", antwortete er. „Ich kann dir jetzt nicht alles erklären. Aber mach dich darauf gefasst: Obwohl du von großen Gebäuden und schnellen Autos umgeben bist – du bist noch immer mitten im Busch. Glaub ja nicht, dass das Leiden hier ein Ende hat."

Paul brachte mich anschließend zum UNHCR-Gebäude. Koul wollte inzwischen den Jungen im „Refugee Transit Centre" Bescheid geben, dass ich in Harare war.

* * *

Die Empfangsdame beim Flüchtlingskommissariat der Vereinten Nationen war sehr freundlich. „Herzlich willkommen", sagte sie, nachdem Paul mich vorgestellt hatte. „Setz dich doch bitte dort auf einen Stuhl. Ich bin dann gleich bei dir."

Paul wollte zurück zum „Refugee Transit Centre". „Mach dir keine Sorgen", versicherte ich ihm, „ich gebe mir Mühe beim Englisch."

Als ich allein war, brachte mir die Empfangsdame einige Formulare.

„Kannst du in Englisch schreiben?", wollte sie wissen.

„Ja, Madam."

„Gut. Dann fülle bitte diese Formulare aus und komm zu mir, wenn du fertig bist."

Etwas später brachte sie mir Brot und Tee, wofür ich sehr

dankbar war. Mit den ausgefüllten Formularen ging ich zu ihr. Sie sah zufrieden aus. „Im Sudan herrscht Krieg, und du hast trotzdem so gut schreiben gelernt!", lobte sie mich.

Ich unterhielt mich mit ihr, bis der Fahrer des Transit Centre auftauchte, um mich in seinem weißen Toyota abzuholen. Wir luden die Lebensmittel ein, die man mir ausgehändigt hatte: zwei Kilogramm Zucker, zehn Kilogramm Maismehl und andere gute Sachen.

Die Fahrt dauerte nur fünf Minuten; ich genoss jede einzelne davon. Noch nie hatte ich in einem solchen Auto gesessen.

Am „Transit Centre" warteten Koul und die anderen Jungen am Haupttor auf mich. Angok und Bol Bol waren dabei. Sie gehörten zu der Gruppe von sieben Jungen, die wie ich in Ifo die Umsiedlung in die USA verpasst hatten. Der Fahrer hatte den Auftrag, mich direkt zur Verwaltung zu bringen, und hielt nicht an. Ich winkte ihnen, und sie liefen hinter dem Auto her.

17 Die Freuden der Macht

HALLO, JOHN GARANG", sagte der Verwalter des „Refugee Transit Centre".

Ich lächelte und erwiderte seinen Gruß.

Er blätterte die neue Akte auf seinem Tisch durch und stellte mir einige Fragen. Dann erklärte er mir, dass ich bei meinen Altersgenossen aus dem Sudan wohnen würde. „Es gibt viele sudanesische Jungen hier", fügte er hinzu.

Man händigte mir vier Decken und zwei Gefäße aus. Der Verwalter trug die Decken selbst und brachte mich zum Ausgang. Dort rief er einen der Jungen herbei, um mir zu helfen. Ich traute meinen Augen kaum. Chol! Mein bester Freund, Chol Biem aus Ifo! Chol lief herbei und umarmte mich.

„Hey, Chol! Jijamer! Wie läuft's bei dir?", fragte ich.

„Ach, Jijamer, nicht so gut. Aber ich lass mich nicht unterkriegen." Er war immer noch der Alte. Klein und optimistisch.

„Hallo! Willkommen!" Eine ganze Reihe anderer Jungen kam und begrüßte mich. Ich kannte nicht alle ihre Namen, aber erinnerte mich an viele Gesichter aus den verschiedenen Gruppen.

Gemeinsam brachten wir meine Habseligkeiten in das sudanesische Quartier. Bei meinen Freunden zu sein, war ein großartiges Gefühl. Dass sie sich freuten, mich zu sehen, machte mich glücklich. Jeder wollte meinen Bericht hören. Wie hatte ich es bis nach Harare geschafft? Nach mir erzählten die anderen ihre Erlebnisse. Manche hatten eine wahre Odyssee hinter sich. Einige hatten sogar einen Monat im Gefängnis in Tansania verbracht.

Wir erzählten in einem fort und achteten nicht auf die Uhr. Es gab viel zu lachen, aber auch einiges zu beweinen. Irgendwann kam das Gespräch auf einen gewissen Mann, der vorgab, die SPLA in Simbabwe zu vertreten. In Wirklichkeit hatte er aber seine eigene Agenda. Deswegen sei er auch so ungehalten über unsere Anwesenheit, erklärten mir die anderen. Er sei nämlich selbst hierher geflohen. Es war der Mann, der zu meiner Begrüßung so gleichgültig die Hand aus dem Auto hatte hängen lassen.

„Wegen ihm werden unsere Anträge auf politisches Asyl reihenweise abgelehnt", sagte ein Junge. „Er steckt doch mit der Regierung unter einer Decke! Einigen wurde der Flüchtlingsstatus verweigert, nur weil sie mit einem Politiker verwandt waren, den er nicht mochte."

„Immer wieder fragt er uns, warum wir vor dem Krieg im Sudan weglaufen. ‚Wer soll den Kampf weiterführen?', sagt er dann. Dabei lebt er selbst schon elf Jahre lang in Harare. Er ist weit weg von jeder Gefahr und versteckt sich in seinem großen Haus!"

„Seine Kinder sprechen noch nicht einmal mehr ihre Muttersprache!"

„Von seinen Söhnen studiert einer in den USA. Der andere in Namibia. Und der dritte ist in der obersten Klasse in Simbabwe."

„Und seine Tochter arbeitet als Model in Amerika!"

„Die wissen doch gar nichts mehr von unserem Land, geschweige denn von den Traditionen!"

„Bestimmt mussten die in keinem Krieg leiden."

Die Jungen verachteten Dr. Benjamin. „Er nennt uns Feiglinge! Nur, weil wir vor dem Krieg im Sudan geflohen sind. Und weil wir nicht zur Armee wollen, jetzt, wo wir alt genug sind."

Ich war schockiert. Meine Freunde hatten unter widrigsten Umständen in zahlreichen Flüchtlingslagern ums Überleben gekämpft. Sie waren alles andere als Feiglinge.

„Bekommen wir von der SPLA denn überhaupt keine Unterstützung?", fragte ich.

„Bald wirst du selbst sehen, was für ein Beauftragter er ist", antwortete ein Junge verbittert. „Wenn uns Simbabwe abschiebt, dann können wir alle unsere Ziele vergessen. Aber genau das wird passieren. Eigentlich soll Dr. Benjamin uns ja beschützen, aber er ist selbst ein Feind geworden."

Erst nach zwei Uhr morgens kehrte bei uns Ruhe ein.

* * *

Am nächsten Tag musste ich mich morgens um acht bei der Einwanderungsbehörde melden und den Antrag auf eine vorübergehende Aufenthaltsgenehmigung stellen. Die Situation für einen Flüchtling in Simbabwe war alles andere als abgesichert: Man musste zunächst den Flüchtlingsstatus beantragen; in Verbindung mit dem UNHCR bestimmten dann die Behörden das Schicksal, das einen erwartete. Es war also kein Geheimnis, warum so viele sudanesische Jungen keinen Flüchtlingsstatus bekamen. Dr. Benjamin machte mit der simbabwischen Regierung gemeinsame Sache. Und selbst wenn jemand bei der Behörde Widerspruch einlegte, wurde der Fall einfach wieder an Dr. Benjamin verwiesen – der nur darauf bedacht zu sein schien, der Rebellenarmee neue Rekruten zuzuführen. „Warum lauft ihr vor dem Krieg weg?", fragte er uns regelmäßig. „Wenn ihr Hilfe braucht, dann gebe ich euch Geld. Damit kommt ihr bis zur Gefechtszone. Aber wenn ihr nur auf Bildung aus seid, ohne eurem Vaterland zu dienen, dann kann ich nichts für euch tun!"

Er sah sich wohl selbst als den großen Helden und Widerstandskämpfer.

Chol und ich hatten Glück. Mit vierzehn galten wir noch als Minderjährige. Unsere Anträge wurden ohne den Beistand des Helden bearbeitet. In weniger als zwei Monaten hatten wir unseren Flüchtlingsstatus und bekamen monatlich fünfhundert Simbabwe-Dollar für Essen und Unterkunft. Dafür mussten wir allerdings das „Refugee Transit Centre" verlassen und uns selbst eine Bleibe suchen.

Wir fanden ein Zimmer in Eastlea und teilten es uns mit zwei anderen Jungs, Angok und Awang. Es war sogar groß genug, um noch ein paar aufzunehmen, die keine Beihilfe bekamen. Und dann waren auch noch die bei uns, deren Antrag abgelehnt worden war. Sie wollten nach Südafrika und brauchten dafür finanzielle Mittel. Wir halfen ihnen, so gut wir konnten.

Eine unserer Auflagen war der Schulbesuch. Es waren sogar Sponsoren für die Kosten da. Doch die Behörden gaben uns zu verstehen: „Die Schulen müsst ihr euch selbst suchen. Alles, was wir brauchen, ist die Aufnahmebestätigung. Dann übernehmen wir die Schulgebühren und steuern ein monatliches Taschengeld bei. Ihr habt sechs Monate Zeit, danach läuft unser Angebot aus."

Jeder von uns musste also eine Schule ausfindig machen, die bereit war, ihn aufzunehmen. Die Situation schien jedoch aussichtslos: Für die Aufnahme an einer Schule in Simbabwe musste man eine Geburtsurkunde vorlegen. Außerdem mussten bei der Anmeldung die Eltern anwesend sein. Und wir konnten weder für das eine noch für das andere sorgen.

Überall wies man uns ab. Endlich, im Juni 1998, wurden Chol Biem, Awang, ich und noch zwei andere an der „David Livingstone Primary School" angenommen. Hier gab es für die oberen Klassenstufen Abendkurse. Ich brauchte nur vier Monate, um Form III abzuschließen.

Die Lage bei vielen anderen Flüchtlingen aus dem Sudan verschlechterte sich schnell. Einwanderer aus der Demokratischen Republik Kongo, Burundi, Ruanda, Somalia und anderen Ländern bekamen anstandslos den Flüchtlingsstatus zuerkannt. Aber nur wenige Sudanesen hatten dieses Glück. Die Organisationen, die uns mit Hilfsgütern versorgten, hatten jetzt mit dem starken Zustrom sudanesischer Flüchtlinge zu kämpfen. Neuankömmlinge wurden längst nicht mehr so gut unterstützt wie wir. Obwohl unsere Zuwendungen ebenfalls gekürzt wurden, durften wir nicht ins „Refugee Transit Centre" zurückkehren, wo wir wenigstens kostenlos hätten wohnen können.

Diejenigen von uns, die noch etwas Geld bekamen, mieteten so große Zimmer wie möglich. Dann zogen sechs oder sieben andere Jungen dazu. Das war jedoch illegal, und unbarmherzige Vermieter setzten uns immer wieder vor die Tür. Wir zogen von einer Wohnung zur andern.

An Essen zu kommen, wurde ebenfalls zum Problem. Inzwischen war der letzte unserer Kumpel aus dem „Transit Centre" ausgezogen und hatte keine Rationen mehr, die er mit uns teilen konnte.

Die simbabwische Regierung machten Chol und ich für unser Dilemma jedoch nicht verantwortlich. Schließlich hatten sie uns den Flüchtlingsstatus und finanzielle Unterstützung gewährt. Aber dieser SPLA-Beauftragte! Gerade er hätte doch den wahren Grund für unsere Not verstehen müssen! Stattdessen betrog er uns. Sein Kampf hatte nichts mehr mit unserem zu tun. Er behandelte uns wie Feinde.

Immer, wenn wir uns mit der Bitte um Hilfe an eine Kirche oder eine nicht staatliche Organisation wandten, bekamen wir Dinge zu hören wie: „Wir haben doch gestern erst eurem Beauftragten gespendet. Er war in eurem Namen hier. Warum seid ihr denn immer noch hungrig?"

Unsere Wut nahm zu. Wer war dieser Dr. Benjamin eigentlich? Wieso war er der Meinung, die Freuden der Macht ohne die Unterstützung seiner Leute genießen zu können? Und warum war er sich so sicher, dass wir hinter ihm standen?

Ich wohnte noch immer mit Angok und Awang in Eastlea, viele andere von uns hatten aber kein Geld und keine Bleibe mehr. Eines Nachmittags drangen wir schließlich in das SPLA-Gebäude ein. Sobald Dr. Benjamin uns erblickte, rief er nach den simbabwischen Wachmännern. „Werfen Sie diese Eindringlinge hinaus!", befahl er.

Die Wachen waren auf unserer Seite. Sie ignorierten seine Befehle. Immer, wenn er uns hinauswerfen lassen wollte, stellten sie sich stur. Manche entgegneten sogar mutig: „Exzellenz, vor wem sollen wir denn nun das Gebäude schützen? Araber lassen Sie herein, aber diese Jungs wollen Sie nach draußen befördern. Dabei sollten Sie sich um sie kümmern! Unser Auftrag ist es, Sie vor Arabern zu schützen. Diese Jungs sind keine Araber."

18 Polizeihunde

DANN KAM DIE große Demonstration: Vor dem UNHCR-Gebäude versammelten sich Flüchtlinge aus vielen Ländern. Die Proteste dauerten zwei Tage. Ich wusste davon, war aber nicht dabei. Ich kannte noch nicht einmal den genauen Grund für die Demonstrationen, weil für mich der Schulbesuch vorging.

Am zweiten Tag, einem Samstag, waren Awang und ich gerade auf dem Weg zum Fußball. Wir hatten unsere Schuhe und Socken in einem Schulbeutel dabei. Dass dies unser Pechtag werden würde, ahnten wir nicht.

Am Vorabend war die Polizei gewaltsam gegen einige Flüchtlinge vorgegangen, weil sie das UNHCR-Gebäude besetzt hielten. Dabei wurden Flüchtlinge geschlagen und Hundestaffeln eingesetzt. Es gab viele Verletzte.

Awang und ich wussten nicht das Geringste von den Ereignissen. Wir gingen ahnungslos eine Straße entlang, als sich plötzlich drei Polizisten auf uns stürzten. Sie befahlen uns, in den Polizeitransporter zu steigen.

„Gibt es ein Problem?", fragten wir höflich. „Warum werden wir verhaftet?"

„Wollt ihr uns etwa sagen, ihr wisst nicht, was los ist?", brüllte einer der Uniformierten. „Rein in den Wagen! Ihr werdet es schon noch herausfinden."

Wir sahen, wie mehrere Polizeifahrzeuge die Straße auf und ab fuhren und Flüchtlinge zusammentrieben. Eingeschüchtert kletterten wir in den Transporter. Leider waren wir nicht die Einzigen dort. Im Laderaum bellten uns wild aussehende Hunde an! Sie waren zwar in einen Käfig gesperrt, jagten uns aber eine große Angst ein. „Da sind Hunde drin!", protestierten wir und stolperten wieder aus dem Wagen.

„Halt!", befahl ein anderer Polizist. „Ihr glaubt wohl, ihr könnt uns auf der Nase herumtanzen? Einsteigen!"

Widerwillig gehorchten wir. Die Hunde waren so wild, dass ich befürchtete, sie würden jeden Moment aus ihrem Käfig brechen. Erst als zwei Uniformierte ebenfalls hinten einstiegen, fühlte ich mich etwas sicherer.

Nach etwa zehn Minuten fuhren wir auf unserem Weg zum „Refugee Transit Centre" durch ein Industriegebiet. Plötzlich stoppte der Fahrer den Wagen. Er wollte einem Kollegen helfen, der auf der Straße mit jemandem kämpfte. Wir hielten auf der mittleren Spur; die drei Polizisten, die vorn gesessen hatten, sprangen hinaus. Auch die beiden im Fond des Wagens folgten ihnen. Awang und ich blieben allein bei den Hunden zurück. Innerhalb der nächsten Minute durchbrachen die Tiere ihren Käfig und sprangen uns an. Ich machte einen Satz aus dem Auto und rannte in Richtung der Ordnungshüter. Meine Hoffnung war, dass sie mich schützen würden. Dadurch, dass der Polizeitransporter mitten auf der Fahrbahn stand, war jedoch ein Stau entstanden und der Weg war blockiert. Ein Hund sprang mich an und warf mich zu Boden. Auch Awang wurde umgestoßen und fiel auf meine Beine. Autos hupten. Plötzlich waren drei Hunde auf mir und vier auf Awang. Ich rollte mich auf den Rücken und versuchte meinen Hals abzuschirmen. Ein Hund biss sich in meinem einen Bein fest.

Der erste Polizist, der uns erreichte, war kein Hundeführer. Er wurde selbst angegriffen. Dann kehrten die Abrichter wieder – gerade noch rechtzeitig. Sie riefen die Hunde zurück. Der, dessen Zähne in meinem Bein feststeckten, ließ jedoch nicht locker. Ich musste mit bloßen Händen in seinen Kiefer greifen und sein Maul gewaltsam aufdrücken.

Awang rappelte sich trotz seiner eigenen Schmerzen langsam hoch und kam mir zu Hilfe. Ich stand ebenfalls auf und zog mein Hosenbein nach oben, um die Wunde zu begutachten. Es war nicht viel zu sehen. Das Bein war geschwollen und sehr weiß. Dann schoss auf einmal Blut heraus.

Die Polizisten riefen einen Krankenwagen, bekamen aber den Befehl, mich zum „Transit Centre" zu bringen. Alle verfügbaren Krankenwagen würden dort warten. Das war's, dachte ich. An dieser Verletzung werde ich sterben.

Doch dann erreichten wir das „Transit Centre", und ich stellte fest, dass einige noch viel ernstere Verletzungen davongetragen hatten. Ich fand mich damit ab zu warten, bis ich dran war. Irgendwann wurde ich mit fünf anderen in einen Rettungswagen gesetzt. Zwei davon lagen auf Krankentragen, die anderen saßen auf einer Bank. Einem Kongolesen hatte ein Hund den ganzen Muskelstrang vom Bein gerissen. Ein Mann aus Ruanda hatte eine Platzwunde am Kopf, die von einem Schlagstock stammen musste.

Am Krankenhaus angekommen, warteten wir mit all den anderen Männern, Frauen und Kindern auf medizinische Versorgung. Die schwersten Fälle mussten offensichtlich zuerst behandelt werden. Man gab mir etwas Watte, um die Blutung zu stoppen, und eine Bandage für das Bein. Nach langem Warten bekam ich dann von einem Arzt eine Spritze verabreicht. Bis Anfang 1999 sollte ich regelmäßig für Injektionen wiederkommen. Awang war glücklicherweise nicht so schlimm verletzt.

19 Die Antwort des Toten

DAS LEBEN EINES Flüchtlings ist hart. Man wird von geldgierigen Politikern für ihre Zwecke missbraucht. Man wird beschimpft und seiner Rechte beraubt. Viele Menschen erkennen einen nicht als gleichwertig an und haben nur Spott und Hohn für einen übrig.

In Panyido hatte einmal ein Mann uns Jungen etwas dazu beigebracht. Er war körperlich stark versehrt und musste den ganzen Tag in der Ambulanz auf dem Rücken liegen. Aus seinem Körper ragten überall Plastikschläuche heraus. Mir war aufgefallen, dass er trotz seines erbärmlichen Zustands den Gesunden um sich herum auf Augenhöhe begegnete. Wie schaffte er das? Eines Tages ging ich mit einem Freund zu ihm hin und fragte ihn danach.

„Gott hat uns doch alle geschaffen", erklärte er. „Wer einen behinderten Menschen sieht, sollte ihn nicht auslachen, aber auch nicht um ihn weinen. Er ist das Produkt von Gottes Liebe und Kriegszerstörung.

Ich gebe zu", fuhr er fort, „dass man leicht anfängt, die

anderen zu hassen, wenn man sich für seinen verstümmelten Körper schämt. Vor allem, wenn andere einem die Würde und den Wert als Menschen absprechen." Er deutete auf uns. „Ihr Jungen solltet also behutsam sein, wenn ihr Leuten wie mir begegnet. Respektiert uns! Dann tröstet uns das Wissen, dass ihr Kinder einmal unsere Träume verwirklichen werdet. Wir werden wohl an den Wunden sterben, die uns die Araber zugefügt haben. Aber unser Schmerz war dann nicht umsonst: Er war nötig, um eine bessere Welt für euch, unsere Kinder, zu schaffen. Wenn ihr also zwei Beine habt, lacht nie über den, der auf einem humpeln muss! Achtet ihn!"

Dann erzählte uns der Verkrüppelte eine Geschichte. „Es war einmal ein großer Wald in einer Gegend, die für ihre kriegerischen Stämme berüchtigt war. Wenn ein Krieger im Kampf starb, machte man sich nicht die Mühe, ihn zu begraben. Er blieb einfach liegen, den Vögeln und Tieren zum Fraß. Zwischen den Bäumen lagen also überall kahle Schädel herum.

Eines Tages schritt ein tapferer Krieger durch den Wald. Er wollte einige Freunde auf der anderen Seite besuchen. Als er plötzlich vor sich zwei Schädel am Boden erblickte, blieb er stehen und rief dem einen entgegen: ,Du erbärmlicher Totenkopf! Ich weiß, was dich umgebracht hat. Deine eigenen Gedanken! Deine selbst gemachten Probleme! Und wieso liegst du hier so unnütz herum? Warum tust du nichts dagegen?' Mit diesen Worten versetzte er dem Schädel einen Tritt.

Gerade wollte der Krieger seinen Weg fortsetzen, da drehte sich der Schädel um und gab ihm Antwort. ,Geh nur', sagte er zu dem Tapferen, ,aber auch dich werden die Probleme in *deinem* Kopf zu Fall bringen.'

Der Krieger war schockiert. Hatte der Schädel wirklich zu ihm gesprochen? War er geisteskrank? Konnte er dem Wahnsinn nicht entkommen?

,Verschwinde!', herrschte er den Totenschädel an. ,Du glaubst wohl, ich bin wie du? Dass ich auch hier im Wald sterbe und niemand begräbt mich, noch nicht mal meine Eltern? Du verschwendest meine Zeit.'

,Geh nur weiter', erwiderte der Schädel. ,Du wirst schon sehen. Ein Problem wird dich heimsuchen, das du in deinem Kopf selbst verursacht hast.'

Aufgewühlt setzte der tapfere Krieger seinen Weg fort. Ein Schädel hatte im dunklen Wald zu ihm gesprochen! Auch wenn er furchtlos war: Der Gedanke daran beschleunigte seinen Schritt.

Er erreichte das Dorf auf der anderen Seite des Waldes. Die jungen Männer und alten Krieger waren unter einigen Bäumen in ein fröhliches Spiel vertieft.

,Hört mal her!', rief der Krieger. ,Seid ruhig! Ich muss euch etwas erzählen.'

Gespannt scharten sich die Männer um ihn. Sie erwarteten gute Nachrichten. ,Was gibt es?'

Der tapfere Krieger hatte den Blick gesenkt und wartete auf völlige Stille. Als endlich Ruhe eingekehrt war, blickte er die Männer an. ,Ich ging durch den dunklen Wald. Auf einmal sah ich zwei Totenschädel vor mir liegen', erzählte er. ,Ihr wisst, wie viele Totenköpfe es dort gibt. Plötzlich fing der eine an, mit mir zu reden.'

,Lügner! Niemals! Ein Schädel kann nicht sprechen!', riefen die Männer.

,Ich meine es ernst', fuhr der tapfere Krieger fort. ,Er hat geredet. Wenn ich nicht die Wahrheit sage, könnt ihr mich töten. Kommt, ich zeige es euch.'

,Also gut', antworteten die jungen Männer, ,wir gehen mit dir. Aber der Weg ist weit. Wenn dein Schädel nicht spricht, dann bringen wir dich um. Auf der Stelle.'

Gemeinsam gingen sie zu der Stelle zurück, wo die zwei Schädel lagen. Erwartungsvoll stellten sich die Männer um sie herum auf. Der tapfere Krieger gab dem einen Totenkopf einen Tritt. ,Los, Schädel', rief er, ,erzähle den Männern, was du mir gesagt hast!'

Der Totenkopf blieb stumm.

‚Was ist nun?' forderten die Dorfbewohner. ‚Wir dachten, er redet?'

Der Tapfere wandte sich erneut an den Schädel und beschwor ihn zu sprechen. Er bekam jedoch keine Antwort. Daraufhin versuchte er es mit dem anderen, ohne Erfolg.

‚Du Lügner!', stellten die Männer fest. ‚Was haben wir dir gesagt? Schädel sprechen nicht. Du hast unsere Zeit vergeudet!'

‚Ich sage euch, er hat ganz deutlich zu mir gesprochen.'

‚Jetzt wirst du sterben!'

‚Bitte', flehte der tapfere Krieger, ‚ich habe nicht gelogen!'

Die Männer hatten aber genug und schlugen den Tapferen auf der Stelle tot.

In dem Moment, als sie sich zum Gehen wandten, lachte der Schädel laut auf. ‚Habe ich es nicht gesagt?', wandte er sich dem Erschlagenen zu. ‚In deinem Kopf war das Problem, nicht in meinem. Hast du wirklich geglaubt, du kannst dich über einen armen Schädel im Wald lustig machen?'

Die Männer aus dem Dorf blieben wie angewurzelt stehen.

‚Und ihr könnt wohl euren eigenen Augen nicht trauen!', rief ihnen der Schädel zu. ‚Ein sprechender Totenkopf!'

Die Dorfbewohner liefen um ihr Leben. Zurück blieb die Leiche des tapferen Kriegers. Sein Schädel leistete bald den anderen beiden Gesellschaft."

Mein Freund und ich starrten den alten Mann mit offenem Mund an.

„Warum habe ich euch diese schreckliche Geschichte erzählt?", fragte er. „Die Welt ist gefährlich. Ihr solltet euch nie über das Unglück oder die Versehrtheit anderer lustig machen. Egal, ob sie von der Natur oder vom Krieg verursacht worden ist. Bringt jedem Menschen Achtung entgegen, egal, wer er ist. Weil eure Eltern nicht hier sind, sage ich euch das. In unserer Kultur darf niemand kleine Kinder ausnutzen und missbrauchen. Deswegen solltet auch ihr niemanden respektlos behandeln!"

20 Verzweifelte Suche

NACH DER SACHE mit dem Polizeihund lange im Bett zu bleiben, kam für mich nicht infrage. Es erinnerte mich zu sehr an ohnmächtiges Leiden. Davon hatte ich wirklich genug. Außerdem gab es niemanden, der mich gepflegt hätte. Also zog ich die Hose über mein schlimmes Bein und humpelte in die Welt hinaus. Ich wollte mein Bedürfnis nach Nahrung stillen – und meinen Hunger nach Bildung.

Bis 1998 übernahm das UNHCR über die „Internationale Katholische Migrationskommission (ICMC)" die Schulgebühren für mich. Dann ließ uns die ICMC wissen, dass sie den privaten Schulbesuch nicht länger finanzieren würde. Allerdings wollte sich die Kommission auch nicht bei staatlichen Schulen für uns einsetzen. Nur wer selbst dafür sorgte, dass eine staatliche Lehranstalt ihn aufnahm und das Zulassungsformular als Beweis dafür vorlegte, konnte mit weiterer Förderung rechnen. Ansonsten würden unsere Beihilfen für Schulgeld, Essen und Unterkunft gestrichen.

War der Kommission nicht klar, dass man ohne Geburtsurkunde an keiner staatlichen Schule aufgenommen wurde? Es war gesetzlich verboten!

In den Foyers der öffentlichen Schulen sammelten sich fortan täglich Jungen aus dem Sudan, Ruanda, dem Kongo und Burundi. Jeder hoffte, der Glückliche zu sein, der aufgenommen werden würde. Aber jedes Mal beförderte uns dieselbe Aufforderung ins Aus: „Die Geburtsurkunde bitte."

Es gab eine Missionsschule namens „Visitation High

School", bei der schon viele Flüchtlingsjungen vergeblich ihr Glück versucht hatten. Mir gingen inzwischen die Optionen aus; deswegen fasste ich mir ein Herz und sprach trotzdem dort vor.

Schon am Eingang des Sekretariats fiel mir ein Schild auf mit den Worten: „Leider keine freien Plätze für Form III und Form IV."

Ich trat trotzdem ein. „Guten Morgen", sagte ich.

„Guten Morgen", antwortete die Dame hinter dem Schreibtisch. „Was kann ich für dich tun?"

„Verzeihung bitte, ich will einen Platz fürs nächste Schuljahr."

„Tut mir leid, wir sind schon voll", sagte die Sekretärin. „Draußen hängt ein Schild."

„Ich *will* einen Platz? Nicht gerade höflich", sagte eine Stimme hinter mir.

Es war der Schuldirektor. Er stand in der Tür zu seinem Büro. Ein älterer Herr mit gepflegtem grauen Haar und Schnurrbart. „Du kannst nicht einfach sagen: ‚Ich will einen Platz'", fuhr er fort. „Das hieße, du wolltest die Dame hier zwingen, dich aufzunehmen. Willst du das?"

Ich lächelte schüchtern. „Oh nein, Sir. Ich zwinge sie nicht. Ich möchte nur höflich fragen, ob vielleicht ein Platz frei ist."

„Dann tu das", forderte er mich auf. „Aber richtig."

Ich gab mein Bestes: „Verzeihung, ich möchte bitte einen Platz in Form IV. Könnten Sie mich aufnehmen?"

„‚Möchte' ist schon besser als ‚will'", bemerkte der Direktor. „Aber das richtige Wort wäre ‚brauchen' gewesen. ‚Ich brauche einen Platz in Form IV.' Wo kommst du überhaupt her, Junge? Warum ist denn kein Erwachsener bei dir?"

„Ich bin Sudanese", antwortete ich. „Ich wurde durch den Krieg von meinen Eltern getrennt. Wo sie sind, weiß ich nicht."

„Und wer bezahlt die Schulgebühren?"

„Das UNHCR, Sir."

„Warum kümmert sich dann das UNHCR nicht um eine

Schule für dich?", wollte der Direktor wissen. „Wie sollst du das ganz allein schaffen?"

„Es ist nicht leicht, Sir. Aber ich sorge seit 1987 für mich."

„Schon gut", sagte der Direktor zu der Sekretärin, „ich nehme den Jungen mit in mein Büro."

In seinem Dienstzimmer bot mir der Direktor einen Platz an und schenkte mir Tee ein. Dann verließ er den Raum, weil er irgendetwas zu erledigen hatte. Mein Herz pochte.

„Ich bin selbst ein Flüchtling", erzählte er mir, nachdem er zurückgekommen war. „Zumindest war ich das. Während des Krieges in Simbabwe bin ich nach Tansania geflohen. Ich weiß, wie schwer das Leben für einen Flüchtling sein kann. Dass wir keine Schüler mehr aufnehmen, stimmt. Aber ich werde sehen, was ich für dich tun kann. Versprechen kann ich allerdings nichts! Für die Verwaltung der Schule sind die Priester zuständig, sie entscheiden. Hast du eine Geburtsurkunde?"

„Nein, Sir", antwortete ich.

„Kannst du den Abschluss der Form III nachweisen?"

„Ich habe mein Zeugnis aus Kenia, Sir."

„Verlass dich nicht auf mich und suche weiter nach einem Schulplatz woanders. Aber schreib mir deine Telefonnummer und Adresse auf. Wenn ich gute Nachrichten habe, sage ich Bescheid."

Froh und unbeschwert lief ich an der Sekretärin vorbei. Sie machte eine Bemerkung über den Jungen, der sie zur Aufnahme hatte zwingen wollen, und wir lachten.

An diesem Nachmittag war es zu spät, um noch weitere Schulen aufzusuchen. Also gesellte ich mich zu meinen Freunden. Niemand hatte Erfolg gehabt.

Am nächsten Tag versuchten wir ein weiteres Mal beim UNHCR zu erklären, warum uns alle Schulen abwiesen. Wir flehten um Hilfe. „Ihr müsst bis zum nächsten Schuljahr warten", war die Antwort. „Dann übernehmen wir für jeden Jungen die Schulkosten. Aber die Schulen müsst ihr euch selbst suchen."

Es hatte sich nichts geändert. Zwischen uns und dem UNHCR herrschte kein Frieden. Die Vereinten Nationen hatten Gelder für unsere Bildung zur Verfügung gestellt; das wussten wir. Warum wurden wir vom UNHCR hingehalten? Das Jahr ging seinem Ende zu und unsere Zuschussbewilligungen, die sowieso schon gekürzt worden waren, standen auf dem Spiel.

21 Ich bete für mich und alle Menschen

IN DIESER NACHT konnte ich nicht schlafen. Ich lag wach und ließ alle Stationen meines Lebens seit Panyido in Äthiopien an mir vorüberziehen: den reißenden Fluss Gilo, das Lager Pachala im Sudan, den Berg der Bestrafung, Korchuey, Lokichoggio, Kakuma, Ifo in Kenia, die Reise nach Simbabwe. Ich betete. Viele Male faltete ich in dieser Nacht die Hände und legte Gott alle meine Bitten vor. Ich flehte ihn an, auf meine Eltern aufzupassen, egal, wo sie waren. Ich betete für mein Land, für den Sudan. Und für das Leid in der ganzen Welt. Stunde um Stunde hielten mich Sorgen wegen meiner Zukunft und meiner schlechten Bildungschancen wach. Würde ich je wieder eine Schuluniform tragen? Ich musste es einfach in eine Schule schaffen, bevor das Jahr vorbei war!

In den frühen Morgenstunden kam mir plötzlich der Gedanke: Gott hatte mich nie verlassen. Er hatte mich sicher durch das Kreuzfeuer am Gilo gebracht. Er hatte mir auf dem Weg nach Simbabwe Freunde zur Unterstützung geschickt. Bis hierher hatte er mich gebracht; er würde auch dafür sorgen, dass ich eine ordentliche Bildung bekam.

Das hoffte ich jedenfalls. Vielleicht war es tatsächlich wahr – vielleicht hatte auch mein Leben einen höheren Sinn? Gott hatte bestimmt mit mir auf dieser Welt etwas vor. Ich fasste den Entschluss, meine ganzen Sorgen in seine Hände zu legen.

Doch dann war ich auf einmal wieder verärgert. Wütend! Das war Gottes Vorstellung von meinem Leben? Das Leben eines Flüchtlings? Es war so sinn- und zwecklos. Wie ich es hasste! Von einem Hund gebissen! Wenn ich kein Flüchtling wäre, hätte ich die Polizei angezeigt. Aber das Einzige, was mir das gebracht hätte, wäre ein Verhör gewesen, ob ich bei den Demonstrationen vor dem UNHCR-Gebäude mitgemacht hatte oder nicht. Ich hatte nur eine Wahl: Ich musste akzeptieren, dass es nun einmal passiert war, und nach vorne schauen. Am Morgen wollte ich mich bei einer weiteren Schule vorstellen; dort musste ich freundlich und höflich sein. Lieber wollte ich mich benehmen wie die Männer, die ich respektierte. Und nicht wie die Polizisten, deren Hund mein Bein so zugerichtet hatte!

22 Die Zusage

AM MORGEN GING ich unter die Dusche und wusch die Tränen ab. Dann zog ich mich an. Ein nächster harter Tag wartete auf mich.

Aber endlich hatte ich Erfolg: Eine staatliche Schule nahm meine Bewerbung an. Leider waren die Schulgebühren unbezahlbar. Sie waren viel höher als die der Missionsschulen, und es bestand wenig Hoffnung, dass die Sponsoren die horrende Summe zahlen würden. Aber sie hatten darauf bestanden, dass ich eine staatliche Schule fand. Also würde ich ihnen das Aufnahmeformular einfach auf den Tisch legen. Wenn es ihnen nicht gefiel, sollten sie mir doch eine günstigere Privatschule bezahlen!

In der Zwischenzeit hatten meine Kumpel etwas zu essen

aufgetrieben. Außerdem hatten sie gute Nachrichten für mich: „Der Direktor der ‚Visitation High School‘ hat angerufen", riefen sie, sobald ich in der Tür stand. „Du sollst heute dein Aufnahmeformular für Form IV abholen!"

Unglaublich!

Ich machte, dass ich zur Schule kam. Der Direktor rief mich in sein Büro und gab mir eine Liste mit allem, was ich brauchen würde. Die Schulgebühren betrugen 5.720 Simbabwe-Dollar. Mit der nötigen Schuluniform, dem Bettzeug und allem anderen beliefen sich die Gesamtkosten auf etwa achtzehntausend Simbabwe-Dollar.

„Vielen Dank, Sir", sagte ich. „Ich weiß nicht, ob meine Förderer das bezahlen, aber ich versuche mein Glück. Dann berichte ich Ihnen, was herausgekommen ist. Bitte, können Sie solange meinen Platz reservieren? Danke für alles, was Sie für mich getan haben!"

Gott hatte mein Gebet erhört! Er war also doch für mich da. Ich trat aus der Schule, stellte mich in den Schatten eines großen Baumes und sprach ein Dankgebet.

Zurück in unserer Unterkunft gratulierten mir alle meine Freunde. Sie wünschten mir Glück für das Gespräch mit unserer unwilligen Frau beim UNHCR. Ich ging früh ins Bett. Am nächsten Tag wollte ich frisch und munter sein.

Morgens lief ich zum UNHCR-Gebäude und ging zur Leiterin der Abteilung „Flüchtlingsbildung". Ihre Aufgabe war es, für unseren Schulbesuch zu sorgen. Ich legte ihr das Formular der staatlichen Schule vor, und sie fiel aus allen Wolken. „Die ist ja noch viel teurer als die Privaten!", rief sie. „Du solltest dir besser eine günstigere öffentliche Schule suchen."

„Ich habe noch ein Aufnahmeformular", antwortete ich. „Von einer Missionsschule. Sie heißt ‚Visitation High School‘. Hier, bitte sehr."

Sie begutachtete den Antrag. „Günstiger ist sie, das stimmt. Aber es ist keine staatliche Schule. Nun gut, ich reiche beide Formulare beim Kommissariat ein. Vielleicht ist die Missionsschule gar keine so schlechte Idee. Komm in einer Woche wieder."

Während ich das Büro verließ, dachte ich: Wenn dieser Antrag auch wieder abgelehnt wird, dann will uns das UNHCR überhaupt nicht helfen. Dann muss ich woanders einen Sponsor finden.

✶ ✶ ✶

„Tut mir leid", sagte die Frau eine Woche später zu mir. „Beide Anträge wurden abgelehnt. Wenn du keine günstigere Schule findest, können wir dir leider nicht weiterhelfen."

Ich regte mich auf. „Möchten Sie hier in diesem Amt Flüchtlingen helfen oder nicht?"

„Wir helfen doch", erwiderte die Dame. „Wenn du eine günstigere Schule findest, bin ich nur zu gern behilflich."

„Können Sie mir denn so eine Schule nennen?", fragte ich.

„Nein, tut mir leid", antwortete sie und reichte mir die beiden Formulare.

Ich verabschiedete mich und ging zum Flüchtlingskommissar. Dort erklärte ich mein Problem und zeigte ihm die beiden Aufnahmebestätigungen.

„Das Kommissariat hat doch deinen Fall schon behandelt!", rief er. „Du darfst die Missionsschule besuchen. Vielleicht hat die Leiterin das vergessen. Der Ausschuss war der Meinung, die Missionsschule sei besser für dich, weil es ein Internat ist. Wir hoffen, dass wir in Zukunft noch mehr Kinder dort unterbringen können. Warte, ich rufe kurz bei ihr an."

Er nahm den Telefonhörer und klärte das Missverständnis auf. „Geh zurück in ihr Büro", wies er mich an, nachdem er aufgelegt hatte. „Du gehst auf die Missionsschule."

Die Abteilungsleiterin prüfte gerade die Kopien meiner Formulare, als ich hereinkam. „Also gut", sagte sie, „du darfst auf deine Missionsschule gehen. Aber eins möchte ich klarstellen: Wir bezahlen nicht die ganze Liste von vorn bis hinten!

Es gibt zwei Paar Hosen, nicht drei. Zwei Hemden, ein Paar Schuhe, eine Jacke und ein dickes Winterhemd. Keine Decken, kein Sportzeug, kein Nachtzeug. Wenn du mehr haben willst, kauf es dir selbst. Ihr Flüchtlinge habt vielleicht Vorstellungen! Ich kann noch nicht einmal meine eigenen Kinder auf so eine piekfeine Schule schicken."

Sie war neidisch auf mich! Ich wollte mich jedoch nicht mit ihr anlegen und nickte nur.

Dann teilte sie mir mit, dass meine monatliche Beihilfe für Essen und Unterkunft eingestellt wurde. Die verbleibenden zwei Monate bis zum Jahresende sollte ich keinen Cent mehr bekommen. Ich könne ja wieder essen, wenn die Schule anfing, sagte sie allen Ernstes zu mir.

Jetzt hatte ich genug. „Darf ich das bitte schriftlich haben?", bat ich. Ich hoffte, der Flüchtlingskommissar würde erneut eingreifen. Aber sie weigerte sich.

* * *

Meinte die Abteilungsleiterin es wirklich ernst? Warf sie mich einfach aus der Förderung? So eiskalt konnte sie nicht sein. Doch dann kam der 25. November und ich fand mich am Kopf der langen Schlange von Jugendlichen und Kindern wieder, die ihr Geld abholen wollten. Sie hatte es ernst gemeint. Ich bekam nicht einen Cent. Nichts, womit ich Essen kaufen oder Miete bezahlen konnte.

Widerwillig gesellte ich mich zu denen, die sich ohne die Hilfe der sogenannten Abteilungsleiterin für Flüchtlingsbildung durchschlagen mussten.

Ich wusste, dass ich ohne Einkommen aus unserem gemeinsamen Zimmer ausziehen musste, und erzählte meinen beiden Mitbewohnern von meiner Klemme. Schnell wurde klar, dass sie ohne meinen Anteil dasselbe Schicksal erwartete. Erneut hofften wir, im Gebäude der SPLA Unterschlupf zu finden, aber unser Landsmann Dr. Benjamin setzte seine üblichen Tricks ein.

Sobald er uns erblickte, griff er zum Hörer und rief die Polizei. Nach meinem einschneidenden Erlebnis im Herbst brauchte diese keine Gewalt anzuwenden. Wir machten uns davon. Im Vorort Waterfalls kannten wir ein paar Jungen, die dort eine kleine Hütte angemietet hatten. Fünf andere, die gleichzeitig mit uns im Gebäude der SPLA unterschlüpfen wollten, blieben und fochten ihren kleinen Aufstand gegen Dr. Benjamin aus.

Es war schon spät, als wir an der Hütte ankamen. Unsere Freunde ließen uns ein und erlaubten uns, bei ihnen zu übernachten. In einer winzigen Behausung schliefen wir also nun zu siebt auf dem Boden.

Am Morgen kamen die fünf anderen dazu. Wir legten zusammen, was wir hatten. Es reichte gerade so, um eine zweite Hütte anzumieten. Allerdings blieb kein Geld für Essen übrig.

Ein paar Tage später liefen uns zwei Jungen über den Weg, die gerade in Harare angekommen waren. Sie waren im „Refugee Transit Centre" untergebracht und teilten ihre Essensrationen mit uns. Das freundliche Sicherheitspersonal drückte sogar ein Auge zu und ließ mich mit in ihrem Zimmer wohnen.

Wieder war ich auf der Suche nach einer Geldquelle. Ohne die Sachen auf der Liste traute ich mich nicht, im Januar in die „Visitation High School" zu gehen. Ich hatte Glück. Ein Freund von mir, Stanley, arbeitete für die Flüchtlingshilfe der Jesuiten in Harare. Er versprach mir dreitausend Simbabwe-Dollar von seinem nächsten Gehalt.

Als die Weihnachtszeit kam, konnten nur wenige von uns sich auf einen Schulbesuch im neuen Jahr freuen. Trotzig wünschten wir uns ein frohes Fest. „Wenn uns jetzt die anderen aus dem Lager im Sudan sehen könnten!", sagte einer meiner Freunde und lachte grimmig. „Die denken, wir leben hier wie die Made im Speck. Das Fernsehen sollte mal vorbeikommen und uns filmen. Dann könnten sie sehen, wie hungrig wir sind!"

„Immer noch besser, als wenn an Heiligabend Bomben auf uns regnen würden", sagte ein anderer.

Der Vermieter der Hütte borgte uns ein wenig Geld, und wir kauften davon etwas zu essen und ein Päckchen Spielkarten. So verbrachten wir die Zeit bis zum neuen Jahr.

* * *

Am 5. Januar 1999 sollte ich mich an der „Visitation High School" vorstellen. Ich wollte nicht, dass irgendetwas schiefging, und stattete dem UNHCR einen Besuch ab. War alles geregelt worden? Man zeigte mir die Empfangsquittung für die Schulgebühren. Alles war bezahlt. Wegen der Schuluniform bat man mich, bis zum 7. Januar zu warten. Erst dann könne die Abteilungsleiterin mit mir und den anderen Jungen zum Großhändler fahren und alles Nötige einkaufen. Ich sauste zu meinem Freund bei den Jesuiten. Sein Gehalt würde er erst am 15. bekommen, sagte er mir.

Was sollte ich tun? Ohne Uniform konnte ich den anderen Schülern nicht unter die Augen treten. Ich ließ den Fünften verstreichen. Am sechsten Januar rief ich den Direktor an.

„Keine Angst", sagte er. „Besorg, so viel du kannst. Den Rest bekommst du von der Schule bezahlt. Deinen Platz hier habe ich für sechs Monate reserviert."

In der Schule musste ich vorsichtig sein. Wie würden die anderen Schüler mich als Ausländer aufnehmen? Ich nahm mir vor, auf die Unterstützung des Direktors zu vertrauen, zu allen anderen höflich zu sein und mein Bestes zu geben. Im Moment blieb mir aber nichts anderes übrig, als geduldig auf meine Uniform zu warten und gemeinsam mit meinen mittellosen Kumpeln über die Runden zu kommen.

Am 7. Januar nahm ich alles entgegen, was die Abteilungsleiterin mir kaufte. Eine Woche später gab mir mein sudanesischer Bruder Stanley die versprochenen dreitausend Simbabwe-Dollar. Damit bekam ich die restlichen Sachen: zwei Decken, zwei Laken, Nachtzeug, ein Kissen und einen Koffer. Es blieb sogar noch etwas Geld übrig.

23 In der neuen Schule

ICH HATTE NUN alles, was ich brauchte. Trotzdem fühlte ich mich unbehaglich. Vermutlich, weil ich neu an der Schule war und auch noch zu spät kam. Es würde schrecklich sein, mit meinem großen Koffer beladen zur Schule zu gehen. Alle Schüler würden mich anstarren.

Meine sudanesischen Brüder hingegen waren beeindruckt von meinen neuen Besitztümern. „Man sieht nicht, dass du Hunger hast", versicherten sie mir. „Du siehst aus wie ein richtiger Schüler!" Aber sie verstanden meine Angst. Ich solle doch den Koffer erst einmal bei ihnen lassen, empfahlen sie mir, er sei sowieso zu groß für meine paar Anziehsachen. Essensvorräte hätte ich ja keine dabei. „Du kannst deine Sachen in zwei Plastiktüten tun", schlugen sie vor. „Den Koffer kannst du dann später nachholen."

Die Zeit am Samstag und Sonntag verging quälend langsam. Am Montag, dem 18. Januar 2000, fuhr ich mit einem Bus in die Nähe der Schule. Ich trug die Schuluniform und ging mit zwei Plastiktüten in der Hand auf das Schulgebäude zu. Zum Glück waren die Schüler gerade beim Mittagessen. Niemand war zu sehen, noch nicht einmal ein Lehrer. Ich ging schnell zum Büro des Schuldirektors. Er hieß mich herzlich willkommen und schlug vor, dass ich nun zu den Schülern in den Speisesaal stoßen sollte.

Ich muss genauso verlegen ausgesehen haben, wie ich mich fühlte. „Also gut, dann bleib hier", meinte der Direktor. „Ich hole dir etwas zu essen."

Während ich wartete, beobachtete ich die Jungen und Mädchen, die aus dem Speisesaal kamen und lautstark miteinander lachten und herumalberten. Einerseits wollte ich, dass sie mich bemerkten, andererseits war ich zu schüchtern, mich zu zeigen. Also stand ich einfach da und starrte meine zukünftigen Mitschüler an.

Nachdem ich gegessen hatte, holte der Direktor den Internatsleiter, der mich zum Wohnheim für die Jungen bringen sollte. In der Zwischenzeit waren ein paar Mädchen und Jungen zur Sekretärin gekommen. „Da ist ein neuer Schüler im Büro des Direktors", hörte ich sie sagen. „Er ist nicht von hier."

Ein, zwei Mutige taten so, als wollten sie den Direktor besuchen, und guckten ins Büro. „Hi!", sagte der eine. Hinter ihnen winkten die anderen.

„Hallo", sagte ich zögernd. Sie sahen gar nicht so böse aus!

Ich hörte, wie einer im Flur seinen Freunden zurief: „Hey Leute, hier ist ein Neuer! Er ist aus dem Ausland. Steht im Büro vom Direktor. Ich glaube, Form III oder IV."

Daraufhin kam eine ganze Reihe Jungen zum Eingang des Büros. „Bist du in Form III?", fragte einer. „Dann kommst du in unsere Klasse."

„Vielleicht kommst du aber auch zu uns", sagte jemand neben ihm. „Wir sind Form IV."

Der Direktor kam mit dem Internatsleiter zurück. „Kinder, geht in eure Klassen", sagte er sofort. Doch dann bemerkte er, wie sich alle über mich freuten. „Möchtest du deine Mitschüler erst einmal begrüßen?", fragte er. „Du kannst deine Tüten hier stehen lassen."

Das Eis war gebrochen. Die Jungen schüttelten mir die Hand, die Mädchen standen abseits und beobachteten mich. Alle redeten durcheinander: „Wie heißt du?", „Welche Klasse bist du? Drei oder vier?", „Und woher kommst du?", „Ich heiße übrigens John …", „Ich bin Daniel …"

Ich konnte vor Erleichterung nur lächeln.

Nachdem etwas Ruhe eingekehrt war, stellte ich mich vor. „Ich bin Santino und komme aus dem Sudan."

„Was hat er gesagt?", rief jemand von hinten.

„Er sagt, er heißt Santino und kommt aus dem Sudan", wiederholte ein anderer.

„Okay, Kinder", sagte der Direktor und hob meine Tüten auf. „Ab in eure Klassen!"

Er wählte zwei Jungen aus, die uns zum Wohnheim begleiten sollten. Sie trugen mein Gepäck. Das Wohnheim war ein einstöckiges Gebäude mit sauberen weißen Wänden und einem grauen Wellblechdach. Ich sollte im Zimmer von zwei Präfekten schlafen. Die beiden, die meine Tüten getragen hatten, zeigten mir die Duschen und Toiletten. Außerdem gaben sie mir einen Stundenplan und die Schulregeln. „Den Rest können sie dir später zeigen", sagte der Internatsleiter dann. „Du solltest jetzt in deine Klasse gehen."

Ich kam in Form IV. Dort sollte ich bleiben, bis die Verantwortlichen entschieden hatten, wohin ich tatsächlich gehörte. „Willkommen, Santino", sagte der Lehrer und zeigte mir meinen Platz.

Der Unterricht dauerte bis nachmittags um vier. Danach stand Sport auf dem Programm. Meine neuen Freunde zeigten mir den Sportplatz. Alle sahen so schick aus in ihrer Sportkleidung: weiße T-Shirts, graue Shorts. Manche spielten Basketball, andere Fußball. Einige trieben sogar Leichtathletik. Ich wurde einem Priester vorgestellt und bekam von ihm eine Cola und Chips geschenkt. Meine neuen Mitschüler führten mich aufgeregt herum und waren sehr gesprächig – bis auf einen schmächtigen Jungen, der nur still mitlief. Er sah aus, als könnte er etwas Aufmerksamkeit vertragen, also schenkte ich ihm die Cola und Chips.

Alles war neu und ziemlich verwirrend für mich. Ich hatte das Gefühl, dass mich alle mochten; doch einer meiner Begleiter warnte mich: „Du musst vorsichtig sein! Hier gibt es Jungs, denen kann man nicht trauen. Auch wenn sie zuerst nett tun!"

„Wer denn?", fragte ich zurück.

„Sei einfach vorsichtig!", wiederholte er nur.

Mittlerweile waren wir auf dem Rückweg vom Sport in unser Wohnheim, wo sich die Duschen befanden. Bald sollte es Abendessen geben.

„Und meine Zimmernachbarn? Kann man ihnen vertrauen?", wollte ich von meinem neuen Freund wissen. Jemand hatte sie mir auf dem Sportplatz beim Volleyball schon gezeigt, aber ich hatte noch keine Gelegenheit gehabt, Hallo zu sagen.

„Ja", antwortete mein Begleiter. „Die sind in Ordnung."

Der Heimleiter wartete schon auf mich. Er stellte mich den beiden vor: „Patson Garisa, Präfekt, und Semba Rachel, Präfekt. Das sind zwei prima Jungs. Wenn du ein Problem hast, und ich bin nicht da, dann wende dich einfach an sie."

Nachdem der Internatsleiter gegangen war, klopfte es mehrmals an der Tür. Alle wollten den Neuen sehen. Manche Jungen wurden von meinen Zimmergenossen fortgeschickt, andere durften hereinkommen und mit mir reden. Sie halfen mir sogar, mein Bett zu machen.

„Das Abendessen ist immer um sieben im Speisesaal", sagte Patson etwas später. „Ordentliche Kleidung ist Pflicht."

Als die Schelle ertönte, machten wir uns in Richtung Speisesaal auf. Ich trug meine neue Schuluniform: graue Hose, ein grünes kurzärmeliges Hemd mit einer grünweiß gestreiften Krawatte und schwarze Schuhe. Einige rannten an uns vorbei Richtung Speisesaal, meine neuen Zimmergenossen mahnten mich jedoch, langsam zu gehen. Präfekte kämen immer als Letzte zum Essen, wenn alle anderen schon saßen, erklärten sie mir. Der Heimleiter würde mir dann einen Platz zuweisen. Aber als wir den Speisesaal betraten, rief es von allen Seiten: „Santino, hier!", „Santino, komm zu uns!"

Ich setzte mich zu einer Gruppe, die nett aussah.

Auf einem Wagen wurde das Essen hereingefahren. Das Tischgebet wurde gesprochen, und kurz darauf war der Raum von so lautem Besteckgeklapper erfüllt, dass es sogar den Gesprächslärm übertönte. Es gab *Sadza,* Maisbrei, der mit Fleisch und Gemüse gegessen wurde. Das Essen war so reichlich, dass wir nicht alles schafften.

Vom Speisesaal aus gingen wir zum Lernen direkt in unsere Klassenräume und mussten absolut still und konzentriert arbeiten. Vom Flur aus beaufsichtigten uns die Lehrer. Zuerst wusste ich überhaupt nicht, was ich tun sollte; ich hatte ja noch keine Schulbücher bekommen. Doch nach kurzer Zeit schob mir jemand einen Zettel zu: „Hast du schon deine Fächer ausgesucht?", stand darauf. „Du brauchst sieben." Immer mehr Zettel erreichten mich: mit Empfehlungen für gute Fächer, mit Testfragen meiner Mitschüler. Ich hatte alle Hände voll zu tun, meine Antworten den Absendern zuzuspielen.

Die letzte Schelle des Tages entließ uns in unsere Wohnheime. Jungen und Mädchen gingen getrennte Wege. Einige Jungen begleiteten mich auf mein Zimmer, um mir zu erklären, wie es im Internat so lief. Schlaf war nicht so wichtig, merkte ich bald – Nachtruhe war erst um Mitternacht. Trotzdem mussten wir schon frühmorgens um fünf aufstehen, duschen und Zähne putzen. Um sechs Uhr gab es dann Maisbrei und Milch zum Frühstück.

Am Morgen merkte ich, dass ich ein Problem hatte: Ich wollte gepflegt aussehen wie alle anderen, besaß aber weder Zahnbürste oder Zahnpasta noch Seife. Ein Mitschüler erwischte mich unter einem Baum bei dem Versuch, mit einem Zweig meine Zähne zu säubern, die traditionelle afrikanische Art. Er bot mir seine Zahnpasta an. „Santino, du kannst meine Seife benutzen", sagte ein anderer unter der Dusche. „Ich habe genug."

Alle waren nett zu mir. Schüler und Lehrer behandelten mich sehr freundlich. Trotzdem ging für mich die Zeit nur schleppend voran, und ich war weder besonders traurig noch wirklich glücklich. Warum ich hier war und woher ich kam, konnte ich nie vergessen. Um mich abzulenken, konzentrierte ich mich aufs Lernen. Ich hatte nie gelernt, wie man als Kind einfach Zeit vergeudet. Von Schach einmal abgesehen – was ich in

Kakuma und Ifo gelernt hatte –, hatte ich als Kind nie wirklich gespielt. Es fiel mir schwer, bei Spielen zum reinen Zeitvertreib mitzumachen.

Im Speisesaal wollte ich nicht zu hungrig aussehen. Also aß ich lieber etwas weniger. Ich besaß auch keine Süßigkeiten wie die anderen, und mein Stolz verbot es mir, Kekse und Orangensaft von meinen Mitschülern anzunehmen. Eines Tages klärte mich dann Lemson aus meiner Klasse auf: „Hör mal, Santino", sagte er, „du bist viel zu schüchtern. Du darfst nicht alle Geschenke ablehnen! Sonst denken die anderen, dass du sie nicht leiden kannst. Ich kenne dich gut und weiß, dass du nett bist und gern etwas mit den anderen machst. Wenn es am Geld liegt, dann leihe ich dir welches. Du gibst es mir nach den Ferien zurück, wenn du kannst. Und wenn du es nicht schaffst, mach dir keine Sorgen, das ist okay für mich. Du brauchst auch etwas zum Verschenken, dann kannst du leichter Geschenke annehmen. Für mich gilt das aber nicht. Ich möchte einfach nur dein Freund sein, okay?"

Lemson gehörte zwar nicht zu meinen engsten Freunden, aber ich war dennoch für sein Angebot sehr dankbar. Er wollte mir fünfhundert Simbabwe-Dollar leihen, ich handelte ihn jedoch auf hundertfünfzig herunter mit dem Versprechen, ihm das Geld nach den Ferien wiederzugeben.

Wie gut, dass ich von den anderen Schülern lernen konnte! Sie halfen mir, meine Zurückhaltung zu überwinden: Wenn ich schüchtern am Rand stand und mich nicht traute mitzuspielen, brachten sie mir bei, selbstsicherer zu sein und mitzumachen. Während der Studierzeit am Abend bekam ich viele Zettel mit Komplimenten oder Ratschlägen. Die Tipps, die mir die Mädchen und Jungen der Klassen I bis IV in Harare gaben, kommen mir bis heute zugute.

Mit Lemsons Geld konnte ich einiges an Erfrischungsgetränken, Keksen und Brot beim Imbiss kaufen. Nun konnte ich auch etwas anbieten und anderes leichter annehmen. Ich fühlte mich gleich etwas mutiger.

Und was war mit den Jungen, vor denen man mich gewarnt hatte? Nicht ein einziges Mal hatte ich Grund, irgendjemandem zu misstrauen.

24 Unter vielen Jungen doch allein

DIE OSTERFERIEN KAMEN. Wer nicht von den Eltern abgeholt wurde, den brachte einer von acht Schulbussen in die Stadt. Wir trugen unsere schicke Uniform und sangen den ganzen Weg fröhliche Lieder. Es war ein tolles Gefühl, als die anderen plötzlich meinen Namen in einen Liedtext einsetzten. Dann wurden wir von einem der anderen Busse überholt, und ich hörte, wie auch dort gesungen wurde – ebenfalls mit meinem Namen darin! Ich sprang auf und tanzte im Gang mit meinen Freunden. Ich war glücklich! Glücklicher als glücklich!

Am Queen-Victoria-Museum von Harare warteten schon die Eltern, um ihre Kinder in Empfang zu nehmen. Ich verabschiedete mich fröhlich von allen und ging dann schnurstracks zum UNHCR. Dort bat ich um finanzielle Unterstützung für die Ferien. Man versprach mir zu helfen, ich sollte später noch einmal wiederkommen.

Glücklicherweise traf ich kurz darauf ein paar meiner sudanesischen Brüder. Sie nahmen mich mit zu sich nach Hause. Auch hier erlebte ich ein fröhliches Wiedersehen. Kaum hatte ich ihnen von dem finanziellen Engpass erzählt, der mich erwartete, legten sie alle zusammen und überreichten mir siebenhundert Simbabwe-Dollar! Das UNHCR hatte mir achthundertfünfzig Simbabwe-Dollar versprochen. Damit konnte ich alles kaufen, was ich für die nächsten Monate brauchte. Und Lemson sein Geld wiedergeben.

Ich verbrachte die Ferien mit meinen sudanesischen Freunden. Am ersten Schultag begleiteten sie mich in Richtung Queen-Victoria-Museum und trugen sogar meinen Koffer. Ein Taxi fuhr an uns vorüber, aus dem mir Mitschüler in Uniform winkten. „Wir sollten dir lieber auch ein Taxi rufen", sagte einer von meinen Freunden. Gesagt, getan. Ich bat sie, mit einzusteigen, aber sie genierten sich vor den Jungen in Schuluniform.

Am Museum stieg ich aus dem Taxi und wurde begeistert empfangen. „Santino", rief jemand, „ich möchte, dass du meine Eltern kennenlernst! Mama, Papa, das ist Santino."

„Schön, dass wir dich sehen, Santino", sagte ein gut gekleideter Mann und gab mir die Hand. „Mein Sohn hat mir schon erzählt, wie sehr sich alle freuen, dass du an der Schule bist."

Meinen Mitschülern schien es wirklich etwas zu bedeuten, mich zu kennen. Wenn nur meine Eltern auch hier sein könnten!

„Lieber Gott, beschütze meine Mutter und meinen Vater", betete ich leise. Mein Herz pochte wild. „Egal, wo sie sind! Sie sind nicht daran schuld, dass ich allein klarkommen muss."

Immerhin hatte ich das Geld für meinen Freund dabei. Ich wollte es ihm in die Hand drücken, sobald ich ihn sah.

„Hier, Lemson", sagte ich und ging auf ihn zu, „hier hast du dein Geld zurück. Vielen Dank. Es hat mich gerettet."

„Nett, dass du es zurückgeben willst", antwortete er. „Aber ich brauche es nicht. Es war ein Geschenk."

„Bitte nimm es an", protestierte ich.

„Nein danke. Weißt du was, Santino? Heb es doch für uns beide auf. Vielleicht brauchen wir es später beim Sport oder so."

Von diesem Moment an waren wir wirklich Freunde. Wir teilten alles miteinander: was in unseren Koffern war, unser Geld, einfach alles.

Der Schulalltag begann. Ich trat dem Rednerklub bei. Einmal durfte ich sogar eine Rede vor der ganzen Schule halten. Ansonsten gab ich mir überall Mühe, einen guten Eindruck zu machen.

Das nächste verlängerte Wochenende kam, und ich fuhr zu dem Haus der anderen sudanesischen Jungen. Ihre Wohnung war leer! Einige seien nach Südafrika gegangen, erzählte mir der Vermieter, andere nach Mosambik.

Mittlerweile war es Abend und ich hatte keinen Ort zum Übernachten. Also ging ich zum Büro von Dr. Benjamin. Aber das war ein Fehler: Drei Tage vorher hatte sich eine kleine Gruppe von uns gegen seine grausamen Methoden aufgelehnt. Sie waren wütend bis zu seinem Büro vorgedrungen und hatten verlangt, ihn zu sprechen. Er hatte sich geweigert und sie als „Rote Armee" beschimpft. Gelinde gesagt war ich hier nicht willkommen.

Wo konnte ich schlafen? Unschlüssig wanderte ich durch die Straßen von Harare, bis ich einen Nachtclub fand, der noch ge-öffnet hatte. Den Rest der Nacht döste ich dort in einem Stuhl vor mich hin, noch immer in Schuluniform.

Am nächsten Morgen lief ich einem Mitschüler über den Weg, der mich für den Rest des Wochenendes zu sich nach Hause einlud.

Für wen hielt uns Marail Benjamin? Seinetwegen musste ich in Schuluniform in einem Nachtclub kampieren. Na warte, Dr. Benjamin, schwor ich mir, wenn ich das Schuljahr absolviert habe, dann wirst du mich kennenlernen!

* * *

Im Internat war bald darauf Elterntag. Die Schüler hatten im großen Saal lauter Arbeiten ausgestellt. Stolz liefen die Eltern auf und ab und sprachen mit den Lehrern über die Leistungen ihrer Kinder.

Ich konnte sehen, wie wichtig meinen Mitschülern das Interesse ihrer Eltern war. Aber ich merkte auch, dass sie meine Situation verstanden. Alle waren besonders nett zu mir. Sobald sie zu ihren Eltern durften, nahmen die anderen Schüler mich mit. Alle Mütter und Väter gratulierten mir zu meinen Leistungen in der Schule. Nachdem es mir irgendwann gelang, mich davonzustehlen, lief ich zum Wohnheim und schloss mich im Zimmer ein. Aber kurz darauf klopfte es an der Tür: Ein Freund bat mich herauszukommen. Seine Schwester wollte mich gerne kennenlernen. Brav wusch ich mir die Tränen vom Gesicht und ging mit ihm mit.

Draußen wurde ein großes Grillfest, ein *Braai*, für alle vorbereitet. Es war schrecklich für mich! Ich wollte nur weg und allein in meinem Zimmer sein. Leider hatte ich meinen Freunden versprochen, dabei zu bleiben, weil ihre Familien mich kennenlernen wollten. Also biss ich die Zähne zusammen. Ich wollte sie nicht enttäuschen.

* * *

Am 18. Oktober begannen die Jahresprüfungen in der Schule. Die letzte Arbeit schrieb ich am zweiten Dezember. Ich würde meine neuen Freunde im Internat so vermissen! Gegenseitig malten wir uns nette Sprüche und gut gemeinte Wünsche auf die Hemden. Ich schrieb: „Schade, dass wir uns trennen müssen, bevor wir uns überhaupt richtig kennen!" Das ganze Schuljahr kam mir vor wie eine Woche.

Das letzte Mittagessen bestand aus Hühnchen und Reis. „Seht mal", rief ich meinen Freunden zu, „ein Hühnerbein! Damit schaffe ich es bis zurück in den Sudan."

Alle lachten und klatschten Beifall.

Um zehn Uhr am nächsten Morgen saßen wir bereits im Schulbus zurück nach Harare.

25 Alte Freunde und Dr. Benjamin

ICH STAND IN Harare an der Bushaltestelle und wusste nicht wohin mit meinem schweren Koffer. Meine Mitschüler hatten mir geholfen, ihn aus dem Bus zu hieven. Wie sollte ich ihn allein irgendwohin schleppen? Und wohin?

„Du kannst den Koffer hier bei mir stehen lassen", bot mir der Wachmann am Museumseingang an. „Komm wieder, wenn du jemanden gefunden hast, der dir hilft." Dankbar überließ ich ihm mein schweres Gepäck.

Beim UNHCR gab man mir die Adresse von zwei meiner sudanesischen Freunde. Außerdem versprach man mir finanzielle Hilfe innerhalb von zwei Tagen.

Ich fand die Adresse mit Leichtigkeit und klopfte an die Tür. Die Hausbesitzerin öffnete. Sie war eine liebenswürdige Frau mit einem großen Herzen, und ich mochte sie vom ersten Augenblick an. „Komm rein", sagte sie. „Ich bin Agnes."

„Danke", erwiderte ich und nannte meinen Namen. „Darf ich fragen, ob Garang Makuei und Angok Deng hier wohnen? Sie sind beide aus dem Sudan."

Ich hatte die beiden seit Monaten nicht gesehen und freute mich darauf, sie wieder zu treffen. Garang Makuei kannte ich schon aus dem äthiopischen Lager Panyido. Er lachte viel und war immer zu Scherzen aufgelegt – ein rundum geselliger Typ. Er kannte inzwischen wohl alle Sänger und Sängerinnen in Harare und sogar welche aus Südafrika. Wir nannten ihn nur den „kleinen Abenteurer", weil er sich sofort davonmachte, sobald er Geld hatte.

Angok hatte ich in Ifo in Kenia kennengelernt. Von allen Kindern war es ihm am schwersten gefallen, für sich selbst zu sorgen. Er war der Erste, der durch die Unterernährung zeitweise seine Sehfähigkeit verlor. Wir kannten ihn als stillen Gentleman, der seine Gefühle immer unter Kontrolle hatte. Aber wir waren seine Freunde und wussten, wie weh es ihm tat, ohne seine Familie zu leben. Aus seiner Verwandtschaft kannte er nur einen Menschen – seine Großmutter. Es brauchte nur ihr Name zu fallen, und schon versank Angok in Erinnerungen an sie.

„Klar, sie wohnen bei mir", sagte Agnes. „Aber im Moment sind sie nicht da. Sie machen mit der Schule einen Ausflug."

„Ich komme gerade vom Internat", erklärte ich, „und wollte fragen, ob ich für eine Weile bei ihnen unterkommen könnte."

„Aber natürlich, gern", antwortete Agnes. „Sie haben mir schon viel von dir erzählt."

Sie brachte mich zu dem Zimmer und gab mir einen Schlüssel. Kurz darauf bekam ich sogar ein Glas Orangensaft von ihr.

Ich war froh, dass der gute Ruf meiner Landsleute mir eine kostenlose Unterkunft verschafft hatte. Aber das Problem mit dem Koffer war immer noch nicht gelöst.

Zurück am Museum half mir der Wachmann, den Koffer auf den Kopf zu stemmen. Ich schwankte davon. Ein paar Schritte später fühlte sich mein Genick an, als würde es gleich brechen. Ich musste einen Passanten bitten, mir beim Absetzen des Koffers zu helfen. Völlig durchgeschwitzt und mit einem schmerzenden Nacken zerrte ich den Koffer bis zu Agnes' Haus.

Für uns, die „Lost Boys" aus dem Sudan, gab es eine Regel: Was einem gehört, gehört allen. Das war unsere Überlebensstrategie. Ich zog also meine verschwitzte Schuluniform aus und legere Kleidung an, die ich in Angoks und Garangs Zimmer fand: schwarze Jeans, weißes T-Shirt und Turnschuhe. Dann machte ich mich auf die Suche nach anderen Bekannten. Ohne Erfolg kehrte ich abends zurück, las in den Schulbüchern meiner Mitbewohner und verbrachte die Nacht allein.

„Keine Angst", versicherte mir Agnes am nächsten Tag, „deine Freunde kommen bald. Und sicher tauchen auch noch andere Jungen auf. Du wirst sehen."

Um zehn klopften die ersten Besucher. Tong Lual und Kout Magot hatte ich in Harare auf der Suche nach einer Schule kennengelernt. Ich war glücklich, sie wieder zu sehen; wir brachten uns den ganzen Morgen gegenseitig auf den neuesten Stand.

„Hast du schon gehört, dass Cyer verheiratet ist und in Kanada lebt?", fragte einer der beiden.

„Ja, und Magir Kiir ist auch in Kanada", fiel der andere ein. „Kennst du ihn noch? Er hat doch einmal Geld aus Amerika bekommen und es gleich weiterverschenkt, weil einer noch mehr Hunger hatte."

„Koul Bol ist immer noch in Ifo bei Madhiel Atem."

„Und erinnerst du dich an Marko Akec Deng aus Panyido? Der uns immer eingeschärft hat, dass unsere Zukunft durch Bildung kommt? Er hat sich in Kenia zum Lehrer ausbilden lassen und arbeitet bei einer Hilfsorganisation in Kenia und im Sudan."

Natürlich erinnerte ich mich an ihn! Wir hatten uns in Panyido geschworen, für immer Freunde zu sein. Gemeinsam hatten wir von einer guten Bildung geträumt. Und er hatte es geschafft. Er war Lehrer!

Nach einiger Zeit stiegen wir in einen Bus zum Vorort Waterfalls. Dort wohnten siebzehn andere von uns auf einem Grundstück. Ihr Vermieter war genauso freundlich wie Agnes. „Fühlt euch wie zu Hause", sagte er zu uns, als wir ankamen.

Vier von uns hatten gerade ihre Abschlussprüfung bestanden. Wir legten zusammen und feierten den Abschluss mit einem gutem Essen. Bis spät in die Nacht aßen und tranken wir und spielten Schach und Karten.

Irgendwann kamen wir wie üblich auf unsere finanzielle Lage und unseren SPLA-Beauftragten zu sprechen.

„Wieso haben wir schon wieder bei der SPLA Hausverbot?!"

„Dieser Dr. Benjamin weist uns erst zurück, und dann benutzt er uns, um an Geld zu kommen."

„Trotzdem sollten wir lieber vorsichtig sein. Wir dürfen es uns nicht mit der Regierung von Simbabwe verscherzen. Wenn wir Gewalt anwenden, wenden sie sich gegen uns."

„Ja, lasst uns lieber mal herausfinden, was der Doktor so für Dreck am Stecken hat."

„Der ist Politiker, Jijamer! Politiker geben keine Fehler zu. Sie machen einfach Krieg!"

„Was wir brauchen, ist eine Regierungsbehörde, die hinter uns steht."

* * *

Am nächsten Tag gab es viel zu tun. Garang Makuei war von seinem Ausflug zurück, und ich fuhr mit ihm zu Agnes' Haus und richtete mich ein. Außerdem holte ich meine finanzielle Unterstützung beim UNHCR ab.

Wieder wurde es Weihnachten – aber bei uns kehrte keine Ruhe ein. Ein paar Jungen, die absolut keine Unterkunft gefunden hatten, brachen das Tor bei der SPLA auf und quartierten sich dort ein. Wie würde Dr. Benjamin dieses Mal reagieren? Wir gingen auf einen Besuch vorbei. Dort fanden wir unseren Beauftragten – als geschäftigen Barkeeper! Er hatte aus der Empfangshalle ein Nachtlokal gemacht und servierte einer illustren Menge von Botschaftern und anderen VIPs Getränke.

Einige von den sudanesischen Jungen hatten sich unter die Leute gemischt. Später erzählten sie voller Schadenfreude, Dr. Benjamin habe zwar die Polizei gerufen, um sie hinauswerfen zu lassen, aber die Streife habe wieder nur gesagt: „Woher sollen wir denn wissen, wer die richtigen Gäste sind und wer unerwünscht ist? Zuerst nehmen Sie hier Araber auf, vor denen wir Sie schützen sollten. Und nun sollen wir Ihre Landsleute rauswerfen? Das werden wir nach oben melden."

Während also Dr. Benjamin seine Gäste unterhielt, nisteten sich immer mehr von uns in den Ecken des Gebäudes ein. Als schließlich die Party zu Ende gegangen war, ging unser Beauftragter mit einer belanglosen Akte, die er geheimnisvoll „meine persönlichen Dokumente" nannte, in sein Büro und schloss die Tür ab.

Das ganze Spiel wiederholte sich Nacht für Nacht, bis Dr. Benjamin die Unterstützung von irgendeinem hohen Tier bei der Polizei gewinnen konnte. Inzwischen waren die Polizisten am Tor aber unsere Freunde geworden. Sie ließen uns hineinschlüpfen, wenn Dr. Benjamin nicht da war. Auch Martin Malou, ein Angestellter bei Dr. Benjamin, schmuggelte uns in das Gebäude.

Zu jener Zeit machte das Gerücht die Runde, unser Beauftragter verweigere sogar seiner eigenen Verwandtschaft die finanzielle Unterstützung. Egal, ob es stimmte oder nicht: Wir kannten jede Menge Leute, die mit Dr. Benjamin im Streit lagen. So wie Rose Nyewar Chol: Ihr Mann war bei einem missglückten Staatsstreich umgekommen, und sie war mit ihren vier Kinder nach Harare geflohen. Dort hatte sie Dr. Benjamin um Hilfe angefleht, war aber auf taube Ohren gestoßen. Oder Machok, ein Kriegsveteran, der nur noch eine Hand hatte und versuchte, sich und seinen kleinen Sohn über Wasser zu halten. Auch ihm wurde die Unterstützung verweigert. Er musste schließlich seinen Sohn in ein Waisenhaus geben und an die Front in den Sudan zurückkehren. Jetzt waren wir derartig frustriert, dass dies das Fass zum Überlaufen brachte. Der einzige Weg aus unserer Not war Bildung, und unser Beauftragter durchkreuzte jeden unserer Pläne, sie zu bekommen!

Eines Abends mischten sich wieder einige von uns unter die Gäste in Dr. Benjamins Nachtlokal. Nachdem die Party vorbei war und die Besucher gegangen waren, gerieten sie mit ihm und seinem Mitarbeiter an der Bar in einen heftigen Streit. Es ging um die Musik, die sie hören wollten. Ich war zu der Zeit mit drei anderen Freunden in einem anderen Teil des Gebäudes. Wir hörten die Stimmen lauter werden. Kurz darauf zersprangen Gläser und Möbel krachten. Ein paar Jungen hätten gedroht, Dr. Benjamin und seinen Barkeeper zu verprügeln, erzählte man uns später. Nur die anderen Jungen konnten sie davon abhalten.

In jener Nacht übernahm der stille Angok das Kommando über unsere kleine Gruppe. Er sprang zur Tür, drehte den

Schlüssel im Schloss und steckte ihn ein. Wir waren drauf und dran, uns an der Schlägerei zu beteiligen, Angok sagte aber in einem fort, wir sollten uns beruhigen: „Bitte, Leute. Bleibt hier! Das hier gehört uns doch allen! Wir können nirgendwo anders hingehen. Wer weiß, vielleicht wird Dr. Benjamin bald versetzt. Aber wir sind dann immer noch hier!"

Er hatte wahrscheinlich recht. Aber ich muss zugeben, dass ich sofort mit fliegenden Fäusten in die Bar gestürmt wäre, wenn nicht die Tür verschlossen und das Fenster zum Durchklettern zu klein gewesen wäre.

Bis Dr. Benjamin und sein Barkeeper freigelassen wurden, war es fünf Uhr morgens. Die Bar war völlig verwüstet. Entsetzt merkten die Jungen, was sie angerichtet hatten. Nun blieb ihnen nichts anderes übrig, als auf die Polizei zu warten.

Zwanzig Minuten später fuhr der für das SPLA-Gebäude verantwortliche Polizist mit Blaulicht vor. Er fand die Jungs zusammengekauert im Barraum. „Das Maß ist voll!", warnte er sie. „Macht so etwas nicht noch einmal! Das Gebäude steht ab jetzt unter Regierungskontrolle. Ihr solltet verschwinden. Ich kann ja verstehen, warum ihr so reagiert habt. Aber Gewalt wird nicht toleriert!"

Wir waren über den glimpflichen Ausgang zunächst erleichtert. Vier Tage später wurden jedoch drei von uns – Bol Bol, Makur Majok und mein guter Freund Chol Biem – vor dem SPLA-Gebäude verhaftet. Es war Freitag, daher mussten sie drei Tage im Gefängnis verbringen, bevor sie gegen Kaution freigelassen wurden. Ich wurde mit fünf anderen Jungs zur Polizeiwache zitiert, wo man uns mitteilte, dass der Barkeeper uns angezeigt hatte. Der Barkeeper, nicht unser Beauftragter! Dr. Benjamin musste wohl gemerkt haben, wie peinlich ein Prozess für ihn geworden wäre. Stattdessen überzeugte er seinen Barmann, Anzeige zu erstatten. Glücklicherweise wurde die Anklage bald wieder fallen gelassen.

* * *

Das neue Jahrtausend war da! Und mit ihm neue Möglichkeiten.

Ich hatte inzwischen mein Zeugnis für Form IV erhalten. Aber es gab noch so viel zu lernen! Das UNHCR ließ indessen verlauten, dass im Jahr 2000 nur Schüler der Klassenstufen I bis III gefördert werden würden. Wer die Sekundarschule schon beendet hatte, musste seinen Lebensunterhalt selbst verdienen. Mich packte die Angst. Das war's wohl für mich in Simbabwe, dachte ich. Aber wohin sollte ich gehen? Bestimmt nicht zurück in den Sudan! Mir fielen Dr. Benjamins Worte ein: „Jungs, zurück in den Sudan mit euch! Geht zu den Kämpfern! Wir haben jetzt Maschinengewehre. Wir brauchen Leute wie euch! Wir brauchen Leute, die Englisch sprechen und mit den neuen Waffen den Feind zertreten."

Das wäre mein Untergang. Ich wollte auch nicht als Dr. Benjamins Soldat enden. Ich wollte nicht mein Leben für Politiker wie ihn aufs Spiel setzen, die sich die Taschen mit Geld vollstopften, das sie im Namen der armen Sudanesen von der Welt einsammelten.

Wonach ich mich sehnte, war ein Studium am „Space College" – einer hervorragenden Bildungseinrichtung in Harare. Sie war von der Universität von Simbabwe anerkannt. Mich interessierte der Studiengang „Public Relations".

Jok Mading Deng, der Leiter des Regionalbüros einer Hilfsorganisation, war meine Rettung. Ich hatte ihn kennengelernt, als ich während eines langen Wochenendes mit einigen Freunden im Garten des SPLA-Gebäudes saß. Wir hatten es uns auf der Wiese unter einem Baum gemütlich gemacht und sahen einen weißen Toyota vorfahren. Ein Mann stieg aus, der Sudanese zu sein schien. Er war kleiner als viele und hatte eine hellere Hautfarbe als die meisten von uns. Wir waren neugierig und folgten ihm ins Gebäude. Sein Vater sei Sudanese, erklärte er uns, seine Mutter Amerikanerin. Kurze Zeit später redeten wir schon wie alte Freunde miteinander und tauschten allerlei Erfahrungen aus. Irgendwann machte er mir ein Zeichen und ich folgte ihm zum Haupteingang. Dort bot er mir unter vier Augen an: „Lass uns Freunde werden."

In meiner Verzweiflung wandte ich mich nun an Jok. Er stellte mir so viel Geld zur Verfügung, dass ich die Studiengebühren fürs „Space College" bezahlen und mich drei Monate lang über Wasser halten konnte.

26 Aufbruch nach Südafrika

IM JAHR 2002 wollte ich mein Studium in Public Relations abschließen und dann so schnell wie möglich Harare verlassen. Mein Gebührenkonto am „Space College" war aber noch nicht ausgeglichen; glücklicherweise durfte ich trotzdem an den Abschlussprüfungen im April teilnehmen. Nach dem Examen teilte man mir jedoch mit, dass ich die Urkunde für meinen Abschluss erst dann ausgehändigt bekäme, wenn der ausstehende Betrag plus Zinsen eingegangen sei.

Gott half mir. Am 25. April kam ein Besucher aus dem Sudan in das Haus, wo ich wohnte. Sein Name war Towongo Leonard, und er war zum ersten Mal in Harare. Er war stämmig und machte einen gescheiten Eindruck. Ich sollte ihm die Stadt zeigen und vom Leben in Simbabwe erzählen. „Santino", fragte er irgendwann, „wenn es hier wirklich so schlecht aussieht und du sogar hungern musst, warum bist du noch hier?"

„Ich will ja nach Südafrika", erwiderte ich, „aber ich kann erst gehen, wenn ich meine Schulden beim College beglichen habe."

Wir machten eine Tour durch die Stadt, und ich zeigte ihm die Sehenswürdigkeiten. Gerade liefen wir zwischen der anglikanischen Kathedrale und dem Obersten Gerichtshof entlang – zwei Prachtbauten im Zentrum –, als Towongo plötzlich stehen blieb und mich ansah. „Ich habe über deine Situation nachgedacht, Santino", sagte er. „Sie ist ganz ähnlich wie meine! Zuerst dachte ich, du würdest mich um Geld anbetteln, damit du deine Schulden bezahlen und nach Südafrika gehen kannst. Aber das hast du nicht. Vielleicht ist ja dein eigentlicher Herzenswunsch, in den Sudan zurückzukehren und nach deinen Eltern zu suchen?"

Ich antwortete nicht.

Er fuhr fort: „Na gut, dann also doch Südafrika. Warum reisen wir nicht zusammen dorthin? Wenn du willst, bezahle ich dir die restlichen Collegebühren und das Busticket. Du gibst mir das Geld zurück, wann du kannst. Einverstanden?"

Ich war verwirrt. Meinte er das wirklich ernst? Als könnte er Gedanken lesen, gab er mir auf der Stelle fünfzig US-Dollar und versprach mir den Rest.

Würde ich jemals in der Lage sein, anderen so zu helfen, wie sie mir geholfen hatten? Wenn dieser Tag kommen sollte, schwor ich mir, dann würde ich keine Sekunde zögern.

Am nächsten Morgen tauschte ich die US-Dollar in Simbabwe-Dollar um und ging zum „Space College". Mein Vorgang sei bereits beim Anwalt, teilte man mir mit. Trotzdem durfte ich an Ort und Stelle bezahlen und verließ als freier Mensch das Gebäude. Dank Towongo Leonard hatte ich in Harare keine offenen Rechnungen mehr.

Der Rest von Towongos Geld musste nun reichen, um uns bis nach Südafrika zu bringen. Er ließ mich das Budget verwalten. Wir tauschten zweihundert US-Dollar zur Hälfte in südafrikanische Rand und Simbabwe-Dollar. Am 27. April stiegen wir in einen Zug nach Mutare und fuhren von dort aus mit dem Bus nach Chipinga. Vorübergehend quartierten wir uns in einem Flüchtlingslager ein. Am 1. Mai schließlich stiegen wir in einen Bus nach Beitbridge und Südafrika.

Am späten Nachmittag erreichten wir die Staatsgrenze. Keiner von uns hatte einen Reisepass und wir wurden nervös. Ich war etwas erleichtert, als ich vor uns Daniel Panther aus Panyido sah. Er wollte auch nach Südafrika und schloss sich uns an.

Im Handumdrehen waren wir von Fremden umringt, die sich gegenseitig mit Angeboten übertönten, uns illegal über den Fluss Limpopo zu bringen. Ihr Auftreten weckte jedoch unser Misstrauen, und wir wandten uns an drei andere Männer, die etwas abseits standen. Wir erklärten ihnen, dass wir mangels Geld für ein Hotel noch am selben Abend die Grenze überqueren wollten. „Der Preis ist hundert US-Dollar pro Person", teilten sie uns mit.

„Das ist zu viel", protestierte ich. „Vielen Dank, wir versuchen es woanders."

„Wie viel Simbabwe-Dollar habt ihr denn?", wollte der eine wissen.

„Sechstausend", erwiderte ich.

„Macht zehn draus."

Wir handelten sie auf siebentausend herunter und vereinbarten die Geldübergabe nach Überquerung des Flusses.

Sie waren zu dritt, wir waren zu dritt. Welche Gruppe würde sich durchsetzen, wenn es Probleme gab? Konnten wir ihnen trauen? Trauten sie uns? Sie hatten ein Handy, wir das Geld.

* * *

Etwa eine Stunde später drängten wir uns alle in ein Taxi und fuhren ein gutes Stück an der Grenze entlang. „Hier steigen wir aus", sagte irgendwann einer unserer Begleiter.

Wir kletterten aus dem Taxi und sahen zu, wie es auf dem Feldweg davonfuhr.

„Das ist die Grenze zu Südafrika", sagte der Zweite. „Die Bezahlung ist fällig."

Ich wusste aus Beschreibungen, wie die Grenze aussah. Wir hatten sie mit Sicherheit noch nicht überquert! „Bringt uns zum Taxistand und ihr bekommt euer Geld", forderte ich.

Die drei Männer kamen drohend auf uns zu. Es war klar, dass sie uns angreifen wollten.

„Freunde", warnte ich sie, „ihr werdet es bereuen, wenn ihr

versucht, uns auszurauben. Wir sind vielleicht jünger als ihr, aber wir teilen aus wie Männer! Na, kommt doch!"

Daniel und ich waren drauf und dran, uns auf sie zu stürzen. Aber Towongo hielt uns zurück. „Wartet", sagte er, „lasst uns reden."

Unsere Gegner schienen auch einen Schlichter dabeizuhaben. Er appellierte an seine Kumpane: „Hey, Jungs, lasst uns nett sein zu unseren Kunden. Wir bringen sie nach Südafrika."

„Niemals!", widersprach der eine, den sie Baba Chipo nannten, „ist viel zu riskant!"

„Also schön", sagte ich, „dann bezahlen wir auch nicht. Ihr habt euren Teil der Abmachung nicht eingehalten. Warum dreht ihr nicht einfach um?"

Der Friedensstifter überredete uns schließlich, seinen Freunden zweitausend Simbabwe-Dollar zu überlassen. Er selbst wollte uns den Rest des Weges begleiten. „Vergesst nicht, es ist gefährlich", sagte er. „Ich mache es nur, um euch zu helfen. Die restlichen Fünftausend gebt ihr mir, wenn wir drüben angekommen sind. Wenn ihr euch weigert, sterbe ich nicht dran. Aber Gott sieht alles!"

Er führte uns auf eine Hügelspitze und zeigte uns, wo die Grenze wirklich lag. Dann deutete er auf den Grenzübergang Beitbridge und die Grenzstadt Musina.

Wir ließen den Hügel hinter uns und folgten einige Zeit dem Flusslauf. Schweigend kämpften wir uns im Sand am Ufer entlang. Der Limpopo hatte einen niedrigen Wasserstand. Nach einer Weile erreichten wir eine Stelle, wo man ohne Weiteres hindurchwaten konnte.

Wir waren alle sehr nervös. Die Griffe an Towongos Tasche quietschten. „Gib her", flüsterte ich. „Ich weiß, wie man so etwas trägt."

In der Dunkelheit blieb uns nichts anderes übrig, als unserem Fluchthelfer völlig zu vertrauen und ihm blindlings im Gänsemarsch zu folgen. Ich ging direkt hinter ihm, dann kam Daniel. Towongo bildete das Schlusslicht.

Nach etwa einer Stunde erreichten wir den Grenzzaun bei Musina. „Wir sollten erst einmal nachsehen, ob die Luft rein ist", flüsterte unser Anführer. „Du", sagte er und zeigte auf mich, wahrscheinlich weil ich der Kleinste von uns war, „komm mit." Daniel und Towongo versteckten sich im Gebüsch.

Langsam schlichen wir auf den Zaun zu. Als wir schon nah genug dran waren, dass wir ihn berühren konnten, sahen wir eine Grenzstreife heranfahren.

Wir warfen uns auf den Boden und bedeckten uns mit Sand, so gut es ging. Dann hielten wir die Luft an und warteten, bis das Auto verschwunden war.

Mit bloßen Händen einen Durchgang unter dem Sicherheitszaun zu graben, war Knochenarbeit. Irgendwann passte mein Kopf durch das Loch. Ich zog mich hindurch und suchte Deckung. Unser Anführer war der nächste, dann Towongo und schließlich Daniel.

„Die Tankstelle von Beitbridge ist ganz in der Nähe", sagte unser Fluchthelfer und wies in eine Richtung. „Von dort aus könnt ihr zur Hauptstraße laufen und ein Sammeltaxi nach Pretoria nehmen."

„Wunderbar!", erwiderte ich und gab ihm den vereinbarten Betrag. „Vielen Dank!"

„Ich danke euch", sagte er. „Es gibt aber noch einen zweiten Sicherheitszaun, unter dem ihr euch durchgraben müsst. Es sei denn, ihr wollt durch den Stacheldraht dort drüben klettern. Das ist leichter, aber dafür müsst ihr dann diesem Feldweg bis zur Hauptstraße folgen. Und da gibt es leider häufig Polizeistreifen."

„Lieber gehe ich der Polizei ins Netz, als mir die Hände noch mal blutig zu buddeln", antwortete ich. Meine Freunde waren der gleichen Meinung.

Wir schlüpften durch die Drahtsperre und schafften es irgendwie unbemerkt zur Straße nach Beitbridge. Unsere Versuche, vorbeifahrende Taxis und Lkws zum Anhalten zu bewegen, schlugen jedoch allesamt fehl. Die Fahrer schienen uns nicht zu bemerken. Wenn wir ein Taxi bekommen wollten, mussten wir wohl oder übel bis zum Grenzübergang zurück.

„Da vorne bei den Lastwagen teilen wir uns lieber auf", schlug ich vor, als wir auf das Grenztor zuliefen. „Zu dritt sehen wir bestimmt verdächtig aus."

Ich ging als Erster. Eine dicke Frau war gerade aus einem der Lkws geklettert und trat auf das Tor zu. Ich tat, als gehörte ich zu ihr. Daniel folgte als Nächster, dann Towongo. Da hörte ich hinter mir auf einmal Tumult. Towongo rief nach uns. Ich drehte mich um und sah, wie ihn Männer umstellt hatten. Es sah nach einer Gang aus. Daniel und ich kamen ihm zu Hilfe. „Warum belästigt ihr diesen Mann?", wollte ich wissen.

„Ihr seid illegal hier. Wenn du willst, dass er freikommt, musst du bezahlen", sagte einer von der Bande.

„Wir sind nicht illegal hier! Ihr habt kein Recht, uns so zu behandeln. Los, Jungs, wir gehen", erwiderte ich und griff nach Towongos Tasche.

Daniel und ich marschierten davon und hörten, wie Towongo die Bandenmitglieder anflehte, ihn gehen zu lassen. Wir drehten uns nicht noch einmal um.

„Hey, ihr da!", riefen zwei Grenzpolizisten, an denen wir vorbeigingen. „Herkommen und Pässe vorzeigen!"

„Wir können Ihnen unsere SPLA-Mitgliedsausweise zeigen, Sir", antwortete ich. „Das sind unsere Pässe. Wir sind gerade auf dem Weg von Johannesburg nach Harare."

„Mit den SPLA-Ausweisen kommt ihr nicht so leicht über die Grenze", sagte einer der Beamten. „Ihr solltet lieber heute auf der südafrikanischen Seite bleiben und es morgen noch einmal versuchen. Wenn ihr wirklich aus dem Sudan seid, dann mag es gehen. Aber Vorsicht! Hier sind viele Leute unterwegs, denen man nicht trauen kann."

Was für ein Gefühl! Die Polizei Südafrikas passte auf uns auf.

„Ich schaue lieber mal, wo Towongo bleibt", sagte ich zu Daniel. Die Grenzpolizei widmete sich schon wieder anderen Leuten. „Bleibst du hier bei den Taschen?"

Es dauerte nicht lange, bis ich auf zwei der Bandenmitglieder stieß. „Hey Leute, wo ist mein Freund?", fragte ich.

„Spendier uns ein Bier, dann sagen wir's dir", antwortete der eine.

„Okay, aber zuerst will ich ihn sehen", gab ich zurück.

„Das hier ist Südafrika und nicht dein beschissenes Heimatland!", herrschte mich der andere an.

„Das weiß ich. Aber auch Südafrika ist Afrika. Und vor nicht langer Zeit habt ihr genauso für eure Rechte in eurem Land gekämpft wie wir jetzt", entgegnete ich beruhigend. „Meine Probleme sind also auch eure Probleme."

Die beiden Gangmitglieder lachten. „Okay", sagte der Erste. „Gib uns einfach ein bisschen Geld für was zu essen."

Ich überließ ihnen fünfhundert Simbabwe-Dollar. Wir reichten uns die Hand.

„Dein Freund ist mit einem Taxi nach Musina gefahren", verrieten sie mir.

Daniel und ich stiegen in ein Sammeltaxi und machten uns auf den Weg nach Pretoria. Mein Geld war fast völlig aufgebraucht, aber Daniel hatte noch zwanzig US-Dollar.

* * *

Um Mitternacht hielt das Taxi an einer Polizeisperre. Es waren achtzehn Fahrgäste im Wagen. Alle Reisedokumente wurden eingesammelt und einem Polizisten übergeben. Daniel und ich gaben unsere SPLA-Ausweise ab. Kurz darauf wurden wir aus dem Taxi gerufen. „Wo kommt ihr her?" wollte der Polizist wissen.

„Aus dem Südsudan, Sir."

„Habt ihr vor, einen Antrag auf politisches Asyl zu stellen?"
„Ja, Sir."

„Dann ist alles in Ordnung", bestätigte der Beamte. „Gute Reise."

Alles in Ordnung! Wir konnten uns einfach zurücklehnen und uns entspannen.

27 Hilfsbereite Menschen in Pretoria

NACHDEM WIR DIE ganze Nacht gefahren waren, setzte uns der Taxifahrer um fünf Uhr morgens an einer bereits belebten Straße ab. „Pretoria, Jungs", sagte er. Um uns herum beeilten sich schon viele Pendler, zur Arbeit zu kommen.

„Wir müssen zum Zentrum", erklärte ich Daniel. „Warte hier. Ich gucke, ob ein Bus fährt."

Beide hatten wir von Südafrikas hoher Kriminalitätsrate gehört. Ich hatte deshalb Bedenken, einfach so jemanden anzusprechen. Schließlich wandte ich mich an einen älteren Mann, der harmlos aussah. Er erklärte mir den Weg zu einer Bushaltestelle.

Wir stiegen in den nächsten Bus, suchten uns einen Sitzplatz und warteten auf den Schaffner. Alle anderen Passagiere hatten dem Fahrer beim Einsteigen schon ihre Fahrscheine gezeigt. Es kam kein Schaffner, bei dem wir einen Fahrschein lösen konnten. Es gab nur einen Prediger – einen kleinen Mann im schwarzen Hemd –, der sich von seinem Platz erhob und eine Predigt hielt. Als er fertig war, setzte er sich wieder hin, ganz in meiner Nähe. Das ist ein Mann Gottes, dachte ich, den kann man ohne Gefahr ansprechen. „Verzeihung, Sir, fährt dieser Bus ins Stadtzentrum?", fragte ich.

„Ja."

„Wissen Sie vielleicht, wo hier das UNHCR ist?"

„UNHCR? Nein, tut mir leid", antwortete der Prediger.

Er gab die Frage an eine Dame weiter. Sie konnte uns zumindest die Adresse des Informationszentrums der Vereinten Nationen aufschreiben. „Ich steige an der nächsten Haltestelle aus", sagte der Gottesmann. „Kommt einfach mit, und ich erkläre euch den Weg."

Wir nahmen das Angebot an. Dank seiner Wegbeschreibung sahen wir bald darauf in großen Lettern an einer Wand „UN Information Centre" stehen. Das Gebäude hatte geöffnet. In der Empfangshalle stand ein Wachmann. „Ist hier das UNHCR?", fragten wir ihn.

„Ja. Seid ihr neu hier?"

„Ja, Sir."

„Dann solltet ihr zuerst zum Innenministerium gehen. Dort ist eure erste Anlaufstelle." Er nannte uns die Adresse.

Inzwischen waren Daniel und ich fast am Verhungern. An der Ecke war ein Café und wir kauften uns für zwanzig Rand ein paar Brötchen und Getränke. Damit feierten wir unsere Ankunft in Pretoria.

Beim Verlassen des Cafés liefen wir Santo in die Arme, einem sudanesischen Freund, den wir aus Harare kannten. Viele von unseren Jungen, die wir kannnten, seien nach Johannesburg gegangen, erklärte er Daniel und mir. Es gebe aber noch ein paar in Pretoria. Er wisse nur nicht genau, wo. Santo hatte mit Awang eine Bleibe gefunden. Er begleitete uns zum Ministerium, wo ich mich an einer langen Schlange anstellte.

Nach ungefähr der Hälfte der Wartezeit sprach mich eine Frau an und wollte mein Anliegen hören. „Du bist hier ganz falsch", sagte sie dann. „Das Ministerium hat noch eine Außenstelle für Flüchtlinge." Sie gab mir eine komplizierte Wegbeschreibung zu einem Gebäude, das kilometerweit entfernt lag.

Ich gesellte mich wieder zu Daniel und Santo. Bis ich ihnen die Auskunft der Frau wiederholt hatte, war mir die Wegbeschreibung entfallen. Glücklicherweise konnte uns ein Obsthändler vor dem Gebäude weiterhelfen, und wir fanden das richtige Haus.

Vor der Außenstelle lagerte eine große Menge Flüchtlinge. Einige sahen so aus, als warteten sie schon mehrere Tage. Wir fanden Awang, der wegen seiner Aufenthaltsgenehmigung auf einen Termin hoffte. Ich umarmte ihn und stellte ihm Daniel vor. Meinen alten Freund Awang wiederzusehen, machte mich wirklich froh. Wir beide hatten den Überfall der Polizeihunde gemeinsam durchgestanden! „Wenn du gerade erst angekommen bist, dann bringe ich dich lieber zu ‚Lawyers for Human Rights' (LHR), den Anwälten für Menschenrechte. Die können dir Schutzpapiere ausstellen. Wenn du hier wartest, dauert es ewig. Außerdem wird man von der Polizei schikaniert."

Ich lernte schnell. Offensichtlich wollte die Polizei Südafrikas nicht, dass sich Flüchtlinge in Gruppen durch die Stadt bewegten. Wir teilten uns auf: Daniel und Awang gingen vor, Santo und ich kamen nach. Bei der Kanzlei verließen uns meine beiden Freunde. Sie versprachen, später wiederzukommen.

Kaum hatten wir im Warteraum Platz genommen, da hörten wir eine andere eindeutig sudanesische Stimme: „Hey, Jijamer! Wie geht's?"

Sie gehörte Bilal Sam. Er und Sixtus Mabok hatten einen Termin bei den Anwälten. Ich kannte die beiden nicht, aber sie waren auch aus dem Sudan. Wir waren Brüder. „Ihr habt Glück", sagte Bilal. „Ihr müsst heute Nacht nicht auf der Straße schlafen wie wir, als wir hier ankamen. Wenn ihr hier fertig seid, dann wartet auf uns. Ihr könnt bei uns übernachten."

Bilal und Sixtus gingen zu ihrem Termin. Uns händigte inzwischen ein freundlicher Anwalt Schutzpapiere aus und nannte uns die Adresse des „Jesuit Refugee Services (JRS)", der Flüchtlingshilfe der Jesuiten. Dort könnten wir um finanzielle Hilfe bitten, sagte er. Nach seinem Termin beim Anwalt begleitete uns Bilal dorthin.

Leider konnte man uns bei der Flüchtlingshilfe keine Hilfe versprechen. „Kommt morgen noch einmal", bekamen wir zu hören. „Wir versuchen, für euch Geld aufzutreiben."

Wir verbrachten die Nacht bei Bilal. Der Vermieter sah es

jedoch nicht gern, dass noch mehr junge Sudanesen einzogen. Bilal, Sixtus und ihr Mitbewohner Mike mussten alle ihre Überredungskünste eingesetzt haben, damit er uns für einen Monat aufnahm.

* * *

Am nächsten Tag war man bei der Flüchtlingshilfe entgegenkommender. Das lag wohl auch daran, dass die Menschenrechtsanwälte extra wegen uns ein Fax geschickt hatten. Als Daniel und ich wieder bei den Jesuiten vorstellig wurden, versprach man uns zweihundertdreißig Rand pro Monat für Essen und Unterkunft. Von unseren Landsleuten erhielten wir weitere Unterstützung: Peter Bior Deng und einige andere gaben uns alles, was sie entbehren konnten. So waren wir jeder bald stolzer Besitzer eines eigenen Bettes und einer Decke. Mit der Rückzahlung sollten wir uns ruhig Zeit lassen, sagten sie. Ich müsse ja erst einmal bei Towongo meine Schulden bezahlen.

Towongo! Seine Tasche hatte ich immer noch bei mir. Wir waren uns sicher, dass er in Südafrika war; niemals wäre er zurück nach Simbabwe gegangen. Also rief Bilal ein paar Freunde in Johannesburg an und erkundigte sich nach Towongo.

Ja, der sei in Johannesburg und mache sich Sorgen um uns, bestätigte man ihm am Telefon. Er hatte gesehen, wie wir von der Polizei aufgehalten worden waren, und war abgehauen. Bald wolle er aber nach Pretoria kommen und auch zu den Menschenrechtsanwälten und der Flüchtlingshilfe der Jesuiten gehen.

Bei den Jesuiten trafen wir ihn einige Zeit später tatsächlich. Er hatte Chol dabei, einen Verwandten von Daniel. Ich war heilfroh, Towongo zu sehen, und Daniel war überglücklich, mit Chol sein eigen Fleisch und Blut in die Arme zu schließen. Die beiden Cousins waren zusammen in Kenia gewesen, hatten sich dann aber aus den Augen verloren. Das Letzte, was er von

Chol gehört hatte, war, dass er in einem Gefängnis irgendwo in Mosambik saß.

Wir brachten Towongo und Chol bei unseren Freunden unter. Damit wohnten nun elf Personen in zwei Zimmern, was einige Spannungen mit sich brachte. Wir nahmen uns vor, bis zum Ende des Monats eine eigene Bleibe zu finden. In der Zwischenzeit versuchten wir, so viel Zeit wie möglich draußen zu verbringen.

Sobald ich konnte, gab ich Towongo Geld. „Das ist alles, was ich im Moment habe", sagte ich. „Danke, dass du mir geholfen hast. Das andere versuche ich im nächsten Monat zusammenzubekommen."

Er umarmte mich. „Ich sollte dir dankbar sein. Du hast schon so viel für mich getan. Dass du so schnell zurückzahlst, hätte ich nicht gedacht. Machen wir es so: Du gibst mir nächsten Monat noch hundert Rand. Dann sind es insgesamt hundert US-Dollar. Den Rest vergessen wir."

Ich versprach ihm die Summe.

* * *

Am 10. Mai nahm uns einer der Menschenrechtsanwälte mit zum Innenministerium. Wir mussten Fragen beantworten, von jedem von uns wurde ein Foto gemacht, und nach dem Mittagessen (was vom Ministerium gestellt wurde) konnten wir unsere vorläufige Aufenthaltsgenehmigung unterschreiben. Sie galt für einen Monat.

Inzwischen war es höchste Zeit, dass Daniel, Chol und ich aus der überfüllten Unterkunft auszogen. Bilal, Sixtus und Mike hatten unseretwegen mit ihren Mitbewohnern schon Ärger bekommen. Daniel und ich durften jedoch noch keinen Mietvertrag unterschreiben. Und Chols Antrag auf Beihilfe bei der Flüchtlingshilfe der Jesuiten war abgelehnt worden. Er sei zu alt, um als „unbegleiteter Minderjähriger" bezugsberechtigt zu sein. Daniel und Chol machten sich also im Stadtzentrum auf die Suche nach einer geeigneten Bleibe, während ich den dicht besiedelten Vorort Sunnyside durchforstete.

Nach stundenlanger Suche war ich erschöpft und bereit, überall zu schlafen. Da sah ich Licht in der Kapelle von Pastor Manny. Er hatte sich im zweiten Stock eines Bürogebäudes eingemietet.

Der Pastor war ein paar Tage zuvor an unserer Tür gewesen, um uns zum Gottesdienst einzuladen. Beim Abschied hatte er mir wortlos etwas in die Hand gedrückt: die Kollekte vom Gottesdienst! Er hatte bestimmt ein offenes Ohr für mich.

„Hallo, Santino", begrüßte er mich. „Wie geht's dir?"

„Gut. Und Ihnen?"

„Auch gut. Ihr drei seid auf Wohnungssuche?"

„Chol und Daniel waren schon hier?", fragte ich erstaunt. „Wo sind sie denn jetzt?"

„Sie suchen einen Schlafplatz."

„Oh. Verstehe."

Dann wechselten wir das Thema. Kurz bevor ich gehen wollte, standen Chol, Daniel und Bilal wieder vor der Tür. Ihre Suche war genauso erfolglos gewesen wie meine.

„Hört mal, Jungs", sagte der Pastor, „ich muss in zwei Wochen nach Amerika zurück. Aber bis dahin könnt ihr gern bei mir zu Hause unterkommen. Bilal, das gilt auch für dich. Okay?"

Wir waren sprachlos. Gott hatte bestimmt gesehen, wie wir den ganzen Tag herumirrten!

Pastor Manny beendete für heute seine Arbeit und lud uns in sein Auto. Wir hielten bei Bilal an, um unsere Decken zu holen. Die Nacht verbrachten wir nicht wie befürchtet auf der Straße, sondern in einem gemütlichen Haus in Menlo Park! Natürlich hatte er auch nicht unendlich Platz, aber die Tage bei Pastor Manny waren toll. Er brachte es sogar fertig, dass wir an der Universität von Pretoria Basketball spielen durften.

28 Englischkurs bei Ma Sannie

IM ZENTRUM VON Pretoria liegt das „Misericordia International Centre". Gegründet von einem Flüchtling, ist dieses Zentrum ein Sammelplatz für Menschen aus dem Sudan, dem Kongo, Ruanda, Burundi, Angola und anderen kriegsgebeutelten afrikanischen Ländern geworden. Ich fand in diesem Haus eine neue Herausforderung.

Ein Freund hatte mir beim Abschied von meiner Schule in Simbabwe gesagt: „Viel Glück! Mach's gut, Santino. Und denk dran: Das letzte Abenteuer – so etwas gibt es nicht. Es geht immer weiter! Wenn du einen Berg bestiegen und den Gipfel erklommen hast, dann siehst du von dort den nächsten, noch höheren Berg. Du musst die neue Herausforderung annehmen. Klettere weiter!"

Ich hätte mich aber nie für den Englischkurs bei „Misericordia" angemeldet, wenn mich zu Beginn meiner Zeit in Pretoria nicht das Gefühl unendlicher Sinnlosigkeit überwältigt hätte.

Nachdem Pastor Manny abgereist war, lief ich tagelang ziellos durch die Parks und Straßen der Stadt. Ich hatte Zeit bekommen, wusste aber nichts damit anzufangen. Es gab nichts, wofür es sich zu leben lohnte. Mir fielen all die Jungen ein, die ich bisher kennengelernt hatte; mittlerweile waren sie über die ganze Welt verstreut und hielten sich für eine „verlorene Generation", ohne Zukunft. Ich dachte über die Politiker und ihre Propaganda nach, über die Soldaten der SPLA, die gegen die Araber kämpften. Über die Kinder und Jugendlichen, die in den Flüchtlingslagern in der Kriegszone leiden mussten. Und ich? Ich war in Südafrika und tat überhaupt nichts. Arbeitslos, nutzlos, ein weiteres sinnloses Leben.

Bilal und Sixtus gingen derweil zur Schule. „Wie habt ihr das geschafft?", wollte ich wissen. „Habt ihr einen Sponsor?"

„Komm doch einfach mit!", bekam ich zu hören. „Der Kurs

ist zwar schon halb vorbei, aber wir fragen die Lehrerin, ob du noch mitmachen darfst. Die Gebühren übernimmt die Flüchtlingshilfe der Jesuiten."

Sixtus nahm mich also zu Misericordia mit und stellte mich der Sekretärin vor. Sie verwies uns an die Lehrerin, die mich sofort in der Klasse willkommen hieß. Die Jesuiten bezahlten die Anmeldegebühr und stellten mir einen Schülerausweis aus.

* * *

Der Englischunterricht nahm im Leben von uns Sudanesen bald einen wichtigen Platz ein. Unsere Lehrerin hieß Ma Sannie und war eine Burin. Sie konnte sich gut in unsere Situation hineinfühlen. Zu jeder Stunde brachte sie Tee und Kekse mit und räumte uns extra Zeit ein, um über uns selbst, unsere Ansichten und Zukunftspläne zu sprechen.

An einem Sonntag lud sie uns Sudanesen sogar zu sich nach Hause zum Mittagessen ein. Unser Leben ohne Eltern war oft sehr einsam und wir waren dankbar, einmal in ein Zuhause eingelassen zu werden.

Unser Treffpunkt war das Misericordia-Zentrum. Zuerst kam Ma Sannies Schwester Rykie, eine sehr unterhaltsame Frau. Wir wussten bis dahin nicht, dass unsere Lehrerin eine Schwester hatte, erkannten aber sofort die Ähnlichkeit und hatten viel Spaß dabei, uns mit ihr zu unterhalten, bis Ma Sannie eintraf.

Die Frauen fuhren jede einen weißen Toyota Corolla und konnten daher sechs von uns mitnehmen. Ich fuhr bei Ma Rykie mit. Unser Ziel war der Vorort Wonderboom, und ich genoss die Fahrt durch einen Stadtteil von Pretoria, den ich noch nicht kannte.

In einem kleinen grünen Garten erfrischten wir uns mit Getränken, bevor wir zum Mittagessen ins Haus gingen. Wir dankten Gott für das Essen und langten zu. Während des Essens und danach redeten wir über viele Dinge, stellten Fragen, suchten nach Lösungen. Später besuchten wir den Wonderboom, einen wahrscheinlich über tausend Jahre alten wilden Feigenbaum.

Erst am späten Abend waren wir wieder zu Hause. Ich fühlte mich aber immer noch leer. Ich wusste, dass meine innere Leere daher stammte, dass ich meine Eltern und die Familie vermisste. Wenn ich doch nur genug Geld verdienen würde, um in den Sudan zu fahren, überlegte ich. Dann könnte ich mich auf die Suche nach den Überlebenden meiner Familie machen.

Ich entschloss mich, fünfhundert Rand zu borgen und mein eigenes Unternehmen zu gründen. Bei den Großhändlern in Johannesburg konnte ich günstig Kleidung erstehen und zu einem guten Preis an die allmorgendlichen Pendler am Bahnhof Wonderboom verkaufen. Ich war überzeugt, dass ich vom Gewinn meine Miete und das Essen bezahlen und darüber hinaus jede Woche noch ein bisschen Geld sparen konnte.

Anfangs hatte ich Erfolg, doch dann beschlagnahmte die Polizei immer wieder meine gesamte Ware, weil auf meiner Aufenthaltsgenehmigung keine Arbeitserlaubnis eingetragen war. Nach einigen Wochen hatte ich gerade einmal fünfhundertfünfzig Rand zusammen. Ich bat Ma Sannie, sie für mich aufzubewahren.

* * *

Nach der Abschlussprüfung luden Ma Sannie und ihre Schwester uns wieder zu sich nach Hause ein – diesmal aber den ganzen Kurs. Wir verteilten uns an zwei Tische. Ma Rykie saß an meinem Tisch und machte den Vorschlag, dass wir einander lustige Geschichten erzählen sollten. Mir war jedoch nicht nach Fröhlichkeit; ich hatte eine traurige Geschichte auf dem Herzen. Während sie Kaffee kochte, ging ich in die Küche und begann, Ma Sannie von meinem Leben und dem meiner Freunde in den Flüchtlingslagern zu erzählen. Sie hatte Interesse an meiner Geschichte, aber die Zeit reichte nicht aus. Außerdem wollten die anderen schon gehen. „Pass auf", schlug sie vor, „wir treffen uns am Samstagmorgen. Dann suchen wir uns ein ruhiges Plätzchen, und du erzählst mir deine ganze Geschichte."

Ich war einverstanden. Wir verabredeten uns für zehn Uhr am nächsten Samstag vor dem Misericordia-Zentrum.

* * *

Am Samstagmorgen las ich Viktor Frankls „Der Mensch auf der Suche nach Sinn". Es brachte mich auf gute Gedanken, ähnlich wie das Buch von David J. Schwartz: „Denken Sie groß", das mir mein Freund aus Bangladesch im Bus nach Simbabwe zum Lesen gegeben hatte. Auch ein Buch mit dem Titel „Meditation" hatte ich in dieser Zeit gelesen. Ich hatte es in einer Bibliothek gefunden, zu der mich Pastor Manny nach seiner Rückkehr aus Amerika mitgenommen hatte.

Als Ma Sannie eintraf, fuhren wir zu einem Gartenlokal hinter dem Melrose House und suchten uns eine ruhige Ecke. Mein Essen ließ ich fast unberührt; ich wollte reden! Ma Sannie hatte einen Atlas mitgebracht, damit ich ihr die Orte auf der Karte zeigen konnte.

Meine Geschichte dauerte etliche Stunden. Als ich endlich fertig war, sagte Ma Sannie: „Santino, warum machst du nicht ein Buch daraus?"

Ich hatte schon länger das Bedürfnis zu erzählen, wie die Politik das Leben im Südsudan ins Chaos gestürzt hatte. Ma Sannie war auch nicht die Erste, die mir den Vorschlag machte, meine Erlebnisse aufzuschreiben. Jok Mading Deng, der Leiter des Regionalbüros einer Hilfsorganisation in Harare und mein Wohltäter in Not, Pastor Manny und einige andere hatten die Sprache bereits darauf gebracht. Bis jetzt hatte ich aber nie die Gelegenheit gehabt, das Vorhaben in die Tat umzusetzen. Ma Sannie bot mir an, ich könnte ihren Computer benutzen. Und so begann ich, meine Geschichte aufzuschreiben.

29 Die Nachricht aus Amerika

ICH SCHRIEB KAPITEL um Kapitel und befreite mich damit von der Last der Erinnerungen, die so schwer auf meiner Seele lagen. Wie meine Geschichte ausgehen würde, wusste ich am Anfang noch nicht. Am 30. August 2002, meinem Geburtstag, nahm sie jedoch eine unerwartete Wende.

Ich war gerade bei Bilal. Meine ganzen Freunde waren da; wir unterhielten uns wie üblich darüber, wohin es all die Leute verschlagen hatte, die wir an den verschiedenen Orten kennengelernt hatten. Ich hatte genug Geld für einen Anruf in Simbabwe und wählte die Nummer von Garang Makuei, der immer noch bei Agnes in Harare wohnte.

„Aher!", rief er. „Deine Mutter sucht dich! Ich habe letztens mit einem Onkel von dir telefoniert. Er heißt Riak Atem und lebt in Amerika."

Garang erklärte mir, dass er eigentlich ein paar Freunde in Las Vegas hatte anrufen wollen. Ein Mann namens Riak Atem war ans Telefon gegangen. Garangs Freunde waren gerade nicht da; also hatte er sich ein bisschen mit Riak unterhalten. Als Riak erwähnte, aus welcher Gegend im Sudan er stammte, erwähnte Garang meinen Namen. Riak erzählte daraufhin, er habe einen kleinen Neffen gehabt, der auch Aher hieß, aber im Krieg verloren gegangen sei. Seine Mutter habe aber die Suche nie aufgegeben. Dieser Aher war ich!

„Dein Onkel würde sich sehr über einen Anruf freuen", sagte Garang und gab mir die Telefonnummer.

Ich schrieb weiter an meiner Geschichte, auch wenn ich ihr Ende nicht kannte. Eines aber wusste ich von diesem Moment an: Ich würde nicht ruhen, bis ich meine Mutter und meinen Vater wiedergesehen hatte. Meine Freunde nennen mich zwar Santino, aber der Name, den mir meine Mutter bei der Geburt gegeben hat, ist Aher und bedeutet „Licht". Jetzt war ich wieder Aher.

TEIL 2

1 Ich suche meine Eltern

DASS MEIN GROSSER, lang gehegter Traum schon weni-ge Wochen nach meinem Anruf bei Onkel Riak Atem in Erfüllung gehen sollte, ahnte ich nicht. Bis dahin hatte ich noch nicht einmal gewusst, dass es diesen Onkel gab.

Sobald sich die gute Nachricht herumgesprochen hatte, bekam ich von vielen Freunden Geld geschenkt oder geliehen. Zusammen mit dem Gesparten vom Kleidungsverkauf in Wonderboom konnte ich mich daran machen, mein Vorhaben in die Tat umzusetzen. Am 17. Dezember 2002 stand ich am Flughafen von Lokichoggio im Nordwesten Kenias an der Grenze zum Sudan. Endlich begann die Suche nach meinen Eltern, die ich so viele Jahre vermisst hatte!

Ich hatte mir vor Beginn meiner Reise verboten, mich in die Sache hineinzusteigern. Seit dem Flüchtlingslager Panyido in Äthiopien hatten mich Tag und Nacht Träume von meinen Eltern verfolgt; mir jetzt auszumalen, was passieren würde, wenn ich ihnen gegenüberstand, konnte ich nicht ertragen. Ich zwang mich, allein an die Reise und den bevorstehenden Flug zu denken. Es war der erste Schritt nach Hause, dorthin, wo meine Geschichte begonnen hatte: in die kleine Stadt Turalei in der Bahr al-Ghazal-Region.

In Lokichoggio erstand ich ein Flugticket für dreihundert US-Dollar. Mein Flugtermin war der 21. Dezember. An diesem Tag würde ich meinen Eltern gegenübertreten, an die ich mich nicht erinnerte. An diesem Tag würde ich meine Wurzeln finden. Mein Zuhause.

Lokichoggio war für mich kein unbekannter Ort. Ich war schon 1992 hier gewesen: Ein Flüchtling unter Tausenden, die über die Grenze in das UNHCR-Lager Kakuma gedrängt wurden. Fasziniert ging ich auf die Suche nach dem Platz, wo ich einst ums Überleben gekämpft hatte. Er war genauso trocken und windig, wie ich ihn in Erinnerung hatte. Aber das Gesicht der Grenzstadt hatte sich verändert. Sie war besser ausgebaut; auf dem Flugplatz standen alle möglichen Flugzeuge, die Hilfsgüter in den Sudan brachten oder auf den Rückflug nach Nairobi warteten.

Die Zeit verging quälend langsam. Mein Flug war der letzte vor der Weihnachtspause der Fluggesellschaft. Ich machte mir ernsthafte Sorgen deswegen. Was, wenn sie den Flug strichen?

* * *

Endlich kam der Morgen des 20. Dezembers. Die anderen Fluggäste und ich warteten nervös darauf, unser Gepäck abzugeben. Weil der Flug am nächsten Tag um sechs Uhr morgens ging, mussten wir unsere Taschen schon heute abgeben.

Als der Gepäckwagen fort war, ging ich zurück ins Hotel, legte mich aufs Bett und starrte an die Decke. Ich war froh, dass mein Gepäck in sicheren Händen war. Jetzt fühlte ich mich leicht, fast schwerelos. War ich wirklich auf dem Weg zu meinem Ursprung? Wie würde ich den Menschen am Flughafen nach der Landung begegnen? Weder kannte ich jemanden noch irgendjemand mich. Wen sollte ich ansprechen? Wie sollte ich nach meinen Eltern fragen?

Und was, wenn niemand meine Eltern kannte?, dachte ich plötzlich. Oder wenn man mir das Undenkbare mitteilte: Sie seien leider verstorben oder wohnten nicht mehr in der Gegend? Der Krieg hatte schließlich die Menschen über die ganze Welt verstreut! Was dann? Und selbst wenn ich meine Mutter und meinen Vater finden würde – wie sollte ich ihnen gegenübertreten, ihr verlorener Sohn? Sollte ich meine wahren Gefühle zeigen? Wie konnte ich ihnen nur sagen, wie sehr ich sie vermisst hatte? Fünfzehn Jahre waren vergangen! Fast mein ganzes Leben!

Mein Kopf war ein einziges Schlachtfeld. Ich hatte eigentlich vorgehabt, etwas zu schlafen, aber das war unmöglich. Tausend Erinnerungen belagerten mich, und ich fand keine Antworten auf die endlosen Fragen.

Also stand ich wieder auf und wusch mir das Gesicht. Dann begutachtete ich zufrieden die Kleidung, die ich für meine Reise ausgewählt hatte. In Simbabwe hatte ich einen Zwischenstopp eingelegt und mir etwas gekauft, das mich wie einen Journalisten oder einen Touristen aussehen ließ. Die Sachen waren schick, erlaubten mir aber auch, in der Menge unterzutauchen, sobald wir im Sudan gelandet waren. Am besten gefiel mir, dass meine Windjacke eine Kapuze hatte. So konnte ich mein Gesicht verbergen, wenn ich nicht erkannt werden wollte.

Der 20. Dezember war endlos lang und anstrengend. Ich war allein, hatte niemanden zum Reden. Ich ging spazieren, aber konnte mit nichts etwas anfangen. Ich verstand mich selbst nicht mehr.

Zurück im Hotel aß ich zu Abend, nahm ein Bad und ging in mein Zimmer. Ich ermahnte mich, am nächsten Tag ruhig zu bleiben und nichts zu überstürzen – egal, ob die Sache gut ausging oder nicht. Irgendwann fiel ich in einen tiefen, traumlosen Schlaf.

* * *

Bei Tagesanbruch war ich wach und fertig angezogen. Ich ging in ein nahe gelegenes Hotel zu den anderen Passagieren, von wo uns der Bus der Fluggesellschaft abholen sollte. Er fuhr vor und brachte uns zur Sicherheitskontrolle. Die Pässe wurden kontrolliert, dann durften wir zum Flugzeug gehen.

Ich sagte mir immer wieder, dass dies eine ganz normale Reise sei, nichts Besonderes – außer dass ich endlich an den Ort meiner Geburt zurückkehrte, zu meinen Eltern, die ich fünfzehn Jahre lang vermisst und deren Aufenthaltsort ich erst vor Kurzem erfahren hatte. Trotzdem hatte ich furchtbare Angst:

Angst, mich zu unterhalten, Angst, enttäuscht zu werden, Angst, mich zu freuen.

Ich starrte die Piloten auf ihrem Weg zum Cockpit an. Sie sahen so vornehm aus, so anders. Sie strahlten etwas aus, was ich noch nie zuvor gesehen hatte.

Wir durften ins Flugzeug steigen und unsere Plätze einnehmen. Dann wies man uns an, die Sicherheitsgurte anzulegen. Das Flugzeug rollte los, immer schneller und schneller. Ich deckte mit der rechten Hand meine Armbanduhr zu: Erst, wenn wir abgehoben hatten, wollte ich auf die Uhr gucken. Dann hob sich das vordere Rad vom Rollfeld. Wir waren in der Luft! Ich schaute auf meine Uhr. Es war genau 7.17 Uhr. In wenigen Augenblicken würden wir über die Grenze in den Sudan fliegen – zu meinen Eltern! Ich fühlte mich, als würde ich in ein riesiges Abenteuer eintauchen.

Zu Fuß hatte ich mein Heimatland schon durchquert; jetzt konnte ich sehen, wie es von oben aussah. Das Flugzeug flog eine Kurve über Lokichoggio und drehte dann in Richtung Grenze. Durch die Wolken konnte ich sehen, wie unterschiedlich die Gebäude im Zentrum und die Manjattas, die traditionellen Hütten der Turkana am Stadtrand aussahen.

Der Sudan und Kenia – zwei Nationen, getrennt durch einen gewaltigen Gebirgszug. Mit unserem kleinen Flugzeug brauchten wir nicht länger als drei Minuten, um die Berge hinter uns zu lassen. Unter uns wich der steinige Boden einer endlosen Savanne. So kannte ich den Südsudan.

Das Flugzeug stieg immer höher und ich war von der Aussicht fasziniert. Und die Wolken! Wir flogen zwischen riesigen Wolkenbergen. In manche tauchten wir direkt hinein – plötzlich nur noch weißer Nebel um uns – und flogen dann wieder ins klare Himmelsblau hinaus.

Bevor wir in Rumbik, unserem ersten Zwischenstopp, landeten, musste ich noch einiges wissen. Ich wandte mich an meinen Nebenmann: „Fliegen Sie zum ersten Mal diese Strecke?"

„Nein. Das ist bestimmt schon mein fünfter Flug."

„Können Sie mir dann sagen, ob wir auch über den Nil fliegen?"

„Natürlich", antwortete er, „über den Nil und andere große Flüsse. In etwa einer halben Stunde wird es sicher noch aufklaren. Dann kannst du noch viel mehr sehen als jetzt. Um Lokichoggio ist es immer wolkig."

Er behielt recht. Die Wolken verschwanden, und es leuchtete der schönste blaue Himmel, den ich je gesehen hatte. Wir flogen inzwischen sehr hoch, aber noch immer konnte ich aufsteigenden Rauch und Flüsse ausmachen. „Ist das der Nil?", fragte ich immer wieder. Mein Sitznachbar schüttelte den Kopf. „Der Nil ist viel breiter. Ich sage dir schon Bescheid, wenn er kommt."

Schließlich überflogen wir ihn, den berühmten Fluss mit seinen vielen Nebenarmen und Zuflüssen. Es fiel mir schwer, Haupt- und Nebenadern auseinanderzuhalten. Der Nil war so gewaltig und breit!

Als das Flugzeug in Rumbik landete, schaute ich wieder auf die Uhr. Es war 9.37 Uhr. Die Passagiere vertraten sich die Beine, während Güter aus- und umgeladen und der Flieger neu aufgetankt wurde.

Es war ein gutes Gefühl, wieder auf sudanesischem Boden zu stehen. Der Anblick von Rumbik gab mir Kraft, mich den Umständen zu stellen: Ich war tatsächlich zurück im Sudan, meinem Geburtsland!

Es schien keine Eile zu herrschen, also ging ich zur Toilette und suchte mir dann in der Nähe des Flugzeugs ein Plätzchen, um auf den Weiterflug zu warten.

Der nächste Zwischenstopp war Mapel. Wir verbrachten nur wenige Minuten dort, bevor es weiter nach Malualkon ging. Von dort aus war es nur noch ein kurzer Flug bis nach Turalei – meinem Ziel. Es war schön, die verschiedenen Ortschaften zu sehen; mit jeder Station wuchs jedoch meine Sorge. Was erwartete mich in Turalei? Ich fragte mich das unzählige Male, und immer wieder legte sich die Angst wie eine enge Klammer um mein Herz.

2 Das Wiedersehen

ZU HAUSE IST'S am schönsten, sagt man. Ob die Erfinder dieses Sprichworts wussten, wie es ist, nach Hause zu kommen und doch ein Fremder zu sein?

Das Flugzeug war gelandet und die Tür öffnete sich. Beamte standen für die Einreiseformalitäten bereit. Eltern, Verwandte und Freunde warteten ungeduldig darauf, ihre Besucher in die Arme zu schließen. Aber Aher Arop, der große Fremde, blieb ängstlich und schüchtern auf seinem Platz. Irgendwann stiegen die Flugbegleiter zurück in die Maschine, um das Gepäck auszuladen; nun war ich gezwungen, aufzustehen und meine Tasche entgegenzunehmen. „Weiter fliegen wir nicht", sagte der Pilot zu mir. „Steigst du nicht aus?"

„Doch, Sir", antwortete ich.

„Bist du neu hier in der Gegend?", fragte ein Flugbegleiter.

„Ja."

Ich wusste nicht, was ich tun sollte. Also blieb ich im Flugzeug und fing an, dem Flugbegleiter an der Tür die Gepäckstücke zu reichen. Aber das konnte ich nicht ewig machen. Irgendwann war der letzte Koffer ausgeladen und ich musste aussteigen. Während ich mir an meinem Gepäck zu schaffen machte, kamen schon einige Neugierige zu mir und boten ihre Hilfe an; ich schwieg dazu und zog schnell die Kapuze über.

Dann trat ein sehr großer und gut gekleideter Herr auf mich zu, der anscheinend auf dem Flughafen das Sagen hatte. „Kommst du aus Nairobi?", wollte er wissen.

„Ja, Sir."

„Benötigst du Hilfe? Weißt du, wohin du möchtest?"

Ich sah ihn an. „Kennen Sie eine Frau mit Namen Aker Bol? Sie müsste hier in der Nähe wohnen."

„Natürlich, mein Junge", antwortete der gut Gekleidete. „Ihr Haus ist gleich auf der anderen Seite von diesem Gebäude. Sollen wir sie holen lassen?"

„Ich wäre dankbar, wenn mich jemand dorthin bringen könnte", sagte ich. „Darf ich mein Gepäck so lange hier lassen?"

„Gern. Und: Ganz ruhig, Junge. Du bist zu Hause."

Inzwischen hatte sich eine kleine Traube von Menschen um uns gebildet. Alle wollten wissen, wer ich war und warum ich nach Turalei gekommen war. „Nichts Besonderes", sagte ich. „Ich komme von hier. Wenn ich mein Gepäck hole, erzähle ich euch mehr von mir."

Ein Mann erklärte sich bereit, mich zu Aker Bols Haus zu bringen. Auf dem Weg versuchte er, mir noch mehr zu entlocken, aber ich ging nicht darauf ein.

Wir erreichten das Grundstück und ich blieb auf dem Hof stehen, während mein Begleiter zur Tür ging und klopfte. Eine Frau öffnete. „Sie haben Besuch", sagte der Mann.

Vor langer Zeit in Panyido war meine Tante Aker auch unter den Flüchtlingen gewesen. Ich durfte zwar nie lange bei ihr bleiben, aber Onkel Atem erinnerte mich oft daran, dass wir verwandt waren. Als mein Onkel dann zur Volksbefreiungsarmee gezwungen wurde, verschwand auch Tante Aker. Ich sah sie nie wieder. Kurz vor meiner Flucht aus Panyido hatte ich im Frauenbereich nach ihr gesucht, aber man hatte mir gesagt, sie sei auf eigene Faust zurück in ihre Heimatstadt Turalei unterwegs.

Ich hatte gehofft, Tante Aker in Turalei zu finden. Und dort stand sie. Ich befand mich auf ihrem Grundstück!

Sie erkannte mich nicht. Langsam kam sie auf mich zu, kniff die Augen zusammen und versuchte ihren unerwarteten Gast einzuordnen. Ich wusste sofort, dass sie es war. Meine Beine wollten losrennen, aber ich unterdrückte den Impuls. Stattdessen hielt ich mich an meinen Plan, ruhig zu bleiben und als gut erzogener junger Mann aufzutreten.

Tante Aker stand vor mir, reichte mir aber nicht die Hand. Dann sagte sie leise: „Junge, darf ich fragen, wer du bist?"

Ich lächelte. „Wer könnte ich denn sein? Haben wir uns nicht schon irgendwann einmal gesehen?"

Sie musterte mein Gesicht genau und grübelte offensichtlich, wer aus dem Ausland zu Besuch gekommen sein konnte.

„Lass mich raten ... Bist du vielleicht Aher Dot Ajok?", fragte sie zögernd. Sie hatte den Familiennamen meiner Mutter verwendet.

„Genau der", antwortete ich und grinste.

Meine Tante riss die Augen auf, streckte die Arme nach mir aus und drückte mich an sich. „Oh! Mein kleiner Neffe! Ich kann's nicht glauben! Gott hat uns wieder zusammengeführt! Was für eine große Freude, Aher. Bitte komm rein!"

Sie hielt mich fest an sich gedrückt und führte mich in ihr Haus. Ich schwieg, während es vor Freude aus ihr heraussprudelte. „Gott ist so groß!", rief sie. „Deine Mutter war hier, hier bei mir, vor gerade einmal zwei Tagen! Sie hat mir all die Jahre bittere Vorwürfe gemacht, weil ich dich nicht aus Panyido mitgebracht habe. Ich müsse sie hassen, ihr so etwas anzutun, hat sie oft gesagt. Und jetzt bist du hier! Gott hat unseren verlorenen Sohn nach Hause gebracht!"

„Wie weit ist es denn bis zu unserem Dorf?", wollte ich wissen.

„Nicht sehr weit. Vier Stunden Fußmarsch vielleicht", erwiderte Tante Aker. „Aber es wird bald dunkel. Besser, du bleibst heute Nacht hier und ich bringe dich morgen selbst dorthin."

Es war helllichter Tag! Ich konnte unmöglich in Turalei schlafen, wenn meine Mutter so nah war. Und wenn ich die ganze Nacht durchwandern musste: Das wollte ich lieber auf mich nehmen, als eine schlaflose Nacht bei meiner Tante zu verbringen.

Tante Aker hatte Verständnis. „Ich kann verstehen, dass du zu deiner Mutter willst. Leider bin ich im Moment in der Stillzeit – ich habe ein Baby – und kann dich deswegen nicht begleiten. Aber ... warte mal: Dein Vater wollte heute in die Stadt kommen! Wegen einer Gerichtsverhandlung, bei der heute das Urteil gesprochen werden soll. Warte hier und ich erkundige mich, ob er wirklich da ist. Wenn nicht, dann besorge ich jemanden, der dich zu deinem Heimatdorf begleitet. Bleib einfach hier, ich kläre das für dich."

Bevor sie das Haus verließ, flehte ich sie an, keinem zu verraten, dass ich gekommen war. Ich wollte, dass meine Familie es von niemand anderem erfuhr als von mir selbst. Sie nickte und versprach, Stillschweigen zu bewahren.

Kurze Zeit später kehrte Aker zurück und teilte mir mit, dass mein Vater noch nicht in der Stadt war. Sie hatte aber einen Mann mitgebracht, der mich nach Marol Amiol, dem Dorf meiner Eltern, bringen wollte. Er wisse von nichts, versicherte sie mir, nur dass ich dorthin wolle. „Sobald ihr in der richtigen Gegend seid, schickst du ihn zurück. Dann fragst du dich zu Dots Grundstück durch", schlug Tante Aker vor. „Du kannst den Leuten einfach sagen, dass du sie besuchen willst."

Wir machten uns sofort auf den Weg. „Wie lange brauchen wir bis nach Marol Amiol?", fragte ich meinen Begleiter.

„Spätestens um neun Uhr sollten wir da sein."

„Und wie lange folgen wir dieser Straße?"

„Bis wir an den Fluss kommen. Dort wenden wir uns nach links. Irgendwann treffen wir dann auf eine Fähre, die uns nach Marol Amiol übersetzt", erklärte mir der Ortskundige.

„Ist die Strecke gefährlich im Dunkeln?", wollte ich wissen. „Gibt es Banditen oder wilde Tiere?"

„Keine Sorge. Auf dieser Straße ist immer etwas los, auch abends. Es kann nichts passieren."

Nachdem ich das gehört hatte, bat ich ihn inständig umzudrehen. Ich wollte den Weg selbst finden. Zum Dank für seine Mühe zog ich das T-Shirt aus, das ich trug, und schenkte es ihm.

„Ich darf dich nicht einfach verlassen", protestierte er. „Was soll ich Aker sagen?"

„Machen Sie sich um mich keine Sorgen", rief ich und lief los. Als ich mich umdrehte, stand er immer noch da.

Endlich war ich auf dem Weg zu meinen Eltern! Sie waren am Leben und ich kehrte zu ihnen heim. Ich war an diesem

Tag der glücklichste Mensch im Sudan. Mein Herz sprudelte über vor Dankbarkeit gegenüber Gott, der mich nach fünfzehn langen Jahren ohne Eltern auf wundersame Weise wieder nach Hause gebracht hatte. Ich sprang und hüpfte den Weg entlang wie ein Kind.

* * *

Eine Stunde lang ging und lief ich nach Kräften. Immer, wenn mir Menschen begegneten, zog ich schnell die Kapuze über. Da tauchte ein alter Mann vor mir auf. Er war allein, trug ein kleines Bündel auf dem Rücken und hatte einen Wanderstock über die Schultern gelegt.

Auf sonderbare, unerklärliche Weise kam mir etwas an ihm bekannt vor. Ich starrte ihn an – das Gesicht, den Gang – und trat dann auf ihn zu. Wortlos gaben wir uns die Hand. „Kennen Sie einen Mann mit Namen Arop Bol?", fragte ich.

„Ich bin Arop Bol", antwortete er mit verwirrtem Gesichtsausdruck.

Ich wandte mich ab und brach in Gelächter aus. Ich war so stolz. So glücklich.

Der alte Mann beäugte mich misstrauisch. „Warum willst du das wissen, Junge? Wer bist du? Worüber lachst du?", fragte er verärgert.

Wie sollte ich ihm erklären, wer ich war? „Haben Sie mich nicht schon einmal gesehen?", fragte ich und konnte mein Lächeln nicht unterdrücken. „Komme ich Ihnen nicht bekannt vor?"

„Nein. Ich kenne dich nicht", erwiderte mein Vater knapp. „Wer bist du?"

„Kennen Sie jemanden, der Aher heißt?"

„Aher und weiter?"

„Aher Arop Bol."

Mein Vater starrte mich überrascht an und studierte mein lächelndes Gesicht. Dann machte er einen raschen Schritt auf mich zu und brach zusammen. Bündel und Stock fielen zu Boden. Laut weinend lag er auf der staubigen Straße, grub die Hände in die Erde und verlor kurz darauf das Bewusstsein.

Ich stürzte zu ihm und drehte ihn auf den Rücken. Schockiert versuchte ich mich daran zu erinnern, was ich im Erste-Hilfe-Kurs gelernt hatte. Ein paar Passanten halfen mir, ihn zu einem schattigen Plätzchen zu tragen. Sie wollten wissen, warum er ohnmächtig geworden war; nur, was konnte ich sagen, ohne zu erklären, wer ich war? „Es geht ihm bestimmt bald wieder besser", versuchte ich sie zu beruhigen.

„Mir geht's gut", sagte mein Vater, als er wieder zu sich kam. „Lassen Sie mich nur ein wenig ausruhen. Der Junge kümmert sich um mich, keine Sorge."

Eine lange Zeit saß er nur da, die Augen auf den Boden gerichtet, und presste meine Hand an seine Brust. Als er sich stark genug fühlte aufzustehen, umarmte er mich endlich – stolz und glücklich –, streichelte meinen Kopf und lachte. Ich drückte ihn immer wieder fest an mich.

„Mein Sohn, Aher! Wie hast du mich erkannt?", fragte er schließlich ungläubig. „Als ich dich verlor, mein Junge, da warst du noch ein kleines Kind. Du kanntest weder deine Umgebung noch dich selbst. Du warst zu jung, um dich an dein Zuhause zu erinnern. Du konntest in deiner Muttersprache noch nicht einmal bis zwei zählen. Und jetzt wusstest du ohne fremde Hilfe, wer ich bin. Wie hast du das geschafft, mein Sohn?"

Ich wusste darauf keine Antwort und lächelte nur.

„Bitte, sieh mich nicht so an. Nicht mit diesem Lächeln!", bat er mich. Ich war verwirrt. „Mein Junge, bitte nicht. Auf so etwas war ich nicht vorbereitet. Der Schock hätte mich fast umgebracht! Was wäre passiert, wenn du ein schwächeres Gemüt so überfallen hättest, zum Beispiel deine Mutter? Keiner von uns hat mehr geglaubt, dass wir dich je wiedersehen. Wir haben so lange nichts mehr von dir gehört! Du bringst noch jemanden vor Freude ins Grab. Bitte, hör auf, so zu lächeln! Setz ein ernsteres Gesicht auf, sonst verdirbst du alles."

Mein Vater war auf dem Weg in die Stadt gewesen, als ich auf ihn gestoßen war. Er hatte der Urteilsverkündung in einem Fall zuhören wollen, den er zu gewinnen hoffte. Das unerwartete Wiedersehen mit seinem Sohn war ihm aber wichtiger. Wir nahmen sein Bündel und den Stab auf und er drehte um, zurück in Richtung Marol Amiol. Gemeinsam machten wir uns auf den Weg nach Hause.

3 Meine Großmutter

GEGEN HALB SECHS kamen wir an einen kleinen Marktplatz. Mein Vater wandte sich zu mir. „Mein Sohn, diese Leute wissen, warum ich nach Turalei wollte. Es wäre unhöflich von mir, ohne ein Wort an ihnen vorbeizugehen. Ich möchte ihnen die gute Nachricht mitteilen und eine Runde ausgeben. Sie können morgen dem Richter sagen, warum ich nicht bei der Urteilsverkündung anwesend war. Du gehst schon einmal vor. Geh langsam, ich hole dich ein."

Ich zog die Kapuze über den Kopf und gehorchte. Als mein Vater mich wieder erreichte, griff er nach meiner Hand und drückte sie zum Zeichen seiner Freude. Nun hatte er ebenfalls ein Lächeln auf den Lippen. Wir gingen ohne Eile in den Abend hinein.

Bei Anbruch der Dunkelheit erreichten wir den Fluss. Mein Vater blieb stehen. „Aher, hör mir jetzt bitte gut zu. Wir sind schon fast zu Hause; wenn es nicht so dunkel wäre, könntest du unser Dorf schon sehen. Trotzdem werden wir jetzt nicht dort hingehen. Niemand rechnet mit deiner Rückkehr, deswegen wird es ein ziemlicher Schock werden. Ich bringe dich morgen nach Hause, sobald die Familie vorgewarnt ist."

Ich war einverstanden – schließlich war er mein Vater. Wir

gingen weiter nach Wunrock, dem Dorf, in dem meine Mutter geboren worden war. Als wir dort ankamen, war es schon Nacht geworden. „Hier übernachten wir", sagte mein Vater. „Du bist bestimmt erschöpft. Tut mir leid, dass wir heute noch nicht zu Hause sind."

„Ist okay, Vater", antwortete ich. „Du weißt, was am besten für die Familie ist."

Mein Vater klopfte an der Tür eines Hauses. Ich hielt mich im Hintergrund und beobachtete ihn, wie er mit der Person sprach, die geöffnet hatte. Man gewährte uns einen Schlafplatz und ein Abendessen, von dem ich jedoch nichts anrührte. Meine nächste Mahlzeit, das hatte ich mir geschworen, sollte von den Händen meiner Mutter zubereitet sein. Ich stillte also nur meinen Durst und schlüpfte dann unter das Moskitonetz. Wie schön war es, sich ohne Sorgen auszuruhen!

* * *

Um fünf Uhr am nächsten Morgen weckte mich mein Vater und erklärte unserem Gastgeber, dass wir jetzt gehen würden. Später fand ich heraus, dass wir im Haus von Tante Akers Vater übernachtet hatten.

Wir machten uns wieder auf den Weg zur Fähre und nach Marol Amiol, wo meine Familie auf mich wartete.

Nachdem wir den Fluss hinter uns gelassen hatten, gingen wir durch eine dicht besiedelte Gegend. Mein Vater deutete auf ein bestimmtes Dorf. „Das ist Ayehi. Dort ist deine Großmutter hingezogen, als deine Mutter noch ganz klein war", erklärte er mir. „Ihre Familie wohnt immer noch dort, auch deine Großmutter. Sie ist aber inzwischen blind geworden und braucht jemanden, der sie führt."

Meine Großmutter! Sie war noch am Leben! „Bitte, Vater, können wir dort vorbeigehen, damit ich sie kennenlerne?", bat ich.

„Natürlich", antwortete mein Vater feierlich. „Es ist sogar

meine Pflicht, ihr die Nachricht zu überbringen, dass Gott und unsere großen Vorfahren dich nach so vielen Jahren lebendig zurückgebracht haben."

Ich war überwältigt. „Gott ist so groß!", rief ich. „Er schenkt mir vor meiner Mutter noch eine Großmutter! Aber ich möchte sie nicht so erschrecken wie dich", fügte ich vorsichtig hinzu. „Wie wollen wir denn am besten vorgehen?"

„Keine Angst. Niemand in der Siedlung wird dich erkennen", erwiderte mein Vater. „Sie werden uns ganz normal willkommen heißen. Bleib einfach still und verhalte dich ruhig, bis ich einen Weg gefunden habe, die große Neuigkeit zu verkünden."

Auf dem Weg ins Dorf bat ich meinen Vater, als Erster zu meiner Großmutter gehen zu dürfen.

„Wenn du willst", antwortete er, „aber du kennst ihre Hütte nicht."

„Dann beschreib sie mir bitte, Vater", bettelte ich. „Woran kann ich sie erkennen?"

„Na gut. Du kommst an einen großen Baum mit drei Hütten darum herum. Dort wohnt sie."

Ich beschleunigte meinen Schritt und ließ meinen Vater hinter mir. Bald hatte ich die drei Hütten erreicht.

Es war ein kalter Morgen. Meine Großmutter saß auf einer Matte vor den Behausungen und genoss die schwache Sonne. Um sie herum waren noch andere Menschen: Vier Mädchen stampften Getreide vor dem Küchenzelt, drei Frauen waren mit ihrer Schönheitspflege beschäftigt. Ich spürte ihre Blicke auf mir, während ich auf die alte Frau zulief und mich neben sie auf den Boden setzte. Schweigend legte ich ihr eine Hand auf die Schulter. Freude und Mitgefühl erfüllten mich.

„Wer bist du?", fragte meine Großmutter. Ich blieb still. Sie bat die anderen Frauen, ihr Auskunft zu geben; diese guckten aber nur verwirrt und waren offensichtlich selbst damit beschäftigt, mich einzuordnen. Mit einer freundlichen Stimme fragte sie mich nun, um herauszubekommen, wer ich war, und rief dazu die Namen von Nachbarn und Verwandten.

„Nein, Großmama", erwiderten die Frauen nach jedem ihrer Versuche, „das ist er nicht."

„Bitte hilf mir doch", bat sie mich. „Du siehst, ich bin blind. Wie soll ich dich denn erkennen?"

In diesem Moment erreichte auch mein Vater den Platz. Nach Stammesbrauch blieb er in einigem Abstand zu den Hütten stehen und wartete darauf, begrüßt zu werden. Es machte mich stolz, wie er auf die Tradition der Dinka achtete. Sein Blick erinnerte mich aber daran, vor meinen Verwandten nicht zu lächeln.

Meine Tante, die mit der Pflege meiner Großmutter betraut war, erhob sich und begrüßte meinen Vater respektvoll. Die anderen Frauen standen ebenfalls auf und verbeugten sich. Nur meine Großmutter blieb sitzen, hieß ihren Schwiegersohn aber herzlich willkommen und fragte nach dem Wohlergehen der Familie. Mein Vater dankte bescheiden für die Nachfrage und versicherte ihr, dass es allen gut gehe. Das glückliche Lächeln, das er dazu aufsetzte, fiel jedoch den anderen Frauen auf. Mit neuem Interesse beäugten sie nun wiederum mich und fragten sich, ob es zwischen Arop Bol und dem geheimnisvollen Fremden, dessen Hand noch immer auf der Schulter der alten Frau ruhte, eine Verbindung gab.

Da rief mein Vater mit fröhlicher Stimme: „Der große Gott hat ihn zurückgebracht! Ich habe ihn gestern auf dem Weg nach Turalei getroffen. Erkennt ihr ihn nicht? Er war einst einer von euch!"

„Dein Sohn? Aher? Der 1987 verloren ging?", rief eine der Frauen. Die anderen schauten wie gebannt auf meinen Vater und warteten darauf, dass er das Geheimnis lüftete, wer ich war.

„Ja! Das ist unser Aher!", verkündete mein Vater und lächelte breit.

Alle stürzten auf mich zu und umarmten mich. Meine Großmutter brach vor Freude in Gesang aus und pries unsere Ahnen und Gott. Dabei drückte sie mich fest an sich und tastete nach meinem Kopf, um ihn zu küssen. „Aher Dot!", rief sie dann. „Kind von meinem Kind! Gott und den größten unserer Vorfahren sei Dank! Sie haben dich zu uns zurückgebracht. Weder meine Tochter noch ich haben es verdient, dass ein Sohn der Familie spurlos verschwindet; aber nun bist du zurück. Ich habe den Ahnen gerade diesen Monat einen Stier geopfert. Sie haben unsere Gebete erhört!"

Ich konnte meine Großmutter einfach nicht loslassen. Die anderen Frauen, jung und alt, drängten sich so sehr um mich, dass mein Vater sie zur Vorsicht mahnen musste. Während meine Großmutter meine Hand mit Küssen bedeckte, wandte ich mich mit der anderen meinen Verwandten zu.

Noch immer hatte ich kein einziges Wort gesagt. Ich sehnte mich danach, die ganze Familie kennenzulernen. Waren die Frauen bei meiner Großmutter wirklich meine Tanten? Und wie hießen sie? Wegen eines Familienmitglieds war ich hierher gekommen; und nun waren es so viele geworden! Meine Großmutter sang immer noch, und ich verspürte keinen Wunsch, sie zu unterbrechen oder die Hand von ihrer Schulter zu nehmen. Ich drückte mein Gesicht an ihren Rücken und verbarg meine Tränen. Mein Vater und die anderen sollten nicht sehen, dass ich weinte.

Beim Versuch, die Tränen zu unterdrücken, muss ich nach Luft geschnappt haben, denn meine Großmutter legte eine Hand auf meine Brust und die andere auf meinen Rücken, um mich zu beruhigen. Dann durfte ich mich mit dem Kopf in ihren Schoß legen, während sie um frisches Wasser in einer Kalebasse bat – einer Trinkschale aus Flaschenkürbis. Ein unbenutztes, für einen besonderen Ritus aufgespartes Gefäß wurde geholt. „Ruhig, ruhig", sagte sie und wiegte mich. „Du brauchst nicht weinen. Du bist zu Hause, mein Kind."

Die Tanten halfen meiner Großmutter auf und reichten ihr die Kalebasse. Sie stimmten ein Lied an und führten die alte Frau zum Grab meines Großvaters und anschließend zu allen anderen Grabstätten um das Grundstück. Auf jedes Grab goss meine Großmutter etwas Wasser aus der Schale, damit unsere Vorväter an dem Segen teilhaben konnten, der der Familie widerfahren war. Als Letztes stellte man mich an den „heiligen Ort", den Eingang zum Grundstück. Hier wurde nacheinander auf mich und alle Anwesenden das Wasser gegossen, von den Alten bis zu den Jungen. So gebot es die Tradition.

Nach der Zeremonie kehrten meine Großmutter und ich auf ihre Matte zurück, und ich legte den Kopf wieder in ihren Schoß. Wie jede Großmutter, die ein Kind tröstet und beruhigt, wiegte sie mich und gab mir zu trinken. Mein Vater berichtete währenddessen, wie wir uns am vorigen Tag getroffen hatten.

Meine Großmutter war überrascht. „Hat der Junge seine Mutter noch nicht gesehen? Bin ich die Erste, die er kennenlernt? Noch vor seiner anderen Großmutter?"

Für sie war das ein großes Kompliment. Sie dankte meinem Vater für die Ehre, ermahnte ihn aber gleichzeitig, mich noch vor jeder Festlichkeit an meinen Geburtsort zu bringen. Meine andere Großmutter und die Ältesten unserer Sippe wohnten dort; auch sie sollten am Wunder meiner Rückkehr teilhaben! Außerdem befanden sich die Grabstätten der Vorfahren meines Vaters an jenem Ort.

Es war eine ganz neue Erfahrung für mich, von Menschen umgeben zu sein, denen ich viel bedeutete. Ich beobachtete meine Großmutter, die wieder fröhliche Lieder angestimmt hatte. Ein Gefühl von Sicherheit und Geborgenheit durchströmte mich. Hier hätte ich all die Jahre sein sollen – umgeben von einer Familie, die mich liebevoll aufzog –, und nicht auf mich allein gestellt in einer feindlichen Welt!

Als der Gesang vorüber war, strich mir meine Großmutter über den Bauch und stellte fest, dass er leer war. „Das Kind hat Hunger!", sagte sie zu meinem Vater. „Wo habt ihr denn die Nacht verbracht? Hat er überhaupt etwas zu essen bekommen?"

Sie schickte eine meiner Tanten ins Küchenzelt, um mir etwas zu kochen. Eine andere holte die Milch, die nur für meine

Großmutter reserviert war. Ich trank und trank, bis mein Magen voll war. Mit der Hand auf meinem Bauch prüfte meine Großmutter nach, ob ich auch wirklich genug hatte.

Schließlich rief sie eine Verwandte nach der anderen heran und stellte sie mir vor. Jede Person setzte sich kurz zu uns, während meine Großmutter den Namen und unseren Verwandtschaftsgrad nannte. Außerdem erklärte sie mir, wozu diese Person mir gegenüber laut unserer Tradition verpflichtet war.

Das Essen wurde gebracht, aber weder meine Großmutter noch ich rührten es an. Wir saßen beieinander, hielten uns an den Händen und waren von der Familie umringt. Alte Lieder wurden angestimmt, und meine Großmutter erklärte mir jeweils die Bedeutung.

Es war wunderbar, bei Verwandten zu sein. Trotzdem war ich jetzt bereit, meinen Vater nach Hause zu begleiten und die übrige Familie kennenzulernen. Meine Großmutter stimmte zu. Sie war besorgt, meine Mutter könnte schon von meiner Rückkehr gehört haben und mich suchen. Ohne den Segen eines männlichen Clanmitglieds dürfe ich ihr Haus aber nicht verlassen, erklärte sie. Unglücklicherweise gab es nur noch sehr wenige Männer in den Dörfern. Viele hatten ihr Leben gelassen oder waren in verschiedenen Teilen des Landes im Krieg. Wo genau, wusste niemand. Manche waren auch in Nachbarländer geflohen.

Der einzige Mann, der die Verantwortung für den Clan meiner Großmutter übernehmen konnte, war der alte Mayeth Nom, ein Onkel von mir. Nur von ihm und einem anderen Mann war der Verbleib überhaupt bekannt. Der andere war zur selben Zeit in den Nordsudan geflüchtet, als Onkel Atem und ich nach Äthiopien kamen, 1987. Er hatte es bis nach Kenia geschafft und einen Platz im Adoptionsprogramm für „Lost Boys" in den USA bekommen. Mittlerweile wohnte er in Las Vegas – es war Riak Atem, den ich in Pretoria am Telefon gehabt hatte.

Großmutter bat eine meiner Tanten, Mayeth Nom zu holen,

damit er für die Familie sprechen konnte. Es war aber bereits ein Bote in sein Dorf geschickt worden. Nach Auskunft seiner Frau war Mayeth Nom leider am Morgen aus dem Haus gegangen und wurde erst spät wieder erwartet. Trotzdem waren sich alle sicher, dass er auch nach Anbruch der Dunkelheit nicht zögern würde, Aher Dot wieder in die Familie aufzunehmen.

Mitten in der Nacht traf Mayeth Nom ein. Ich schlief inzwischen tief und fest in der Hütte meiner Großmutter, die immer noch sang. Vor Sonnenaufgang weckte mich eine meiner Tanten und sagte mir, dass Onkel Mayeth in einer der Nachbarhütten wartete und mich sehen wollte. Ich ging zu ihm. Er sprach die Worte, die die Tradition verlangte. Nun konnte ich mit dem Segen der Familie gehen.

4 Meine Familie

NOCH IM DUNKELN verließen mein Vater und ich die Siedlung meiner Großmutter und machten uns nach Marol Amiol auf, meinem Heimatdorf. Es war ein kühler, friedlicher Morgen. Die Vögel sangen in Bäumen und Sträuchern. Die Regenzeit hatte neben dem schmalen Pfad frisches Gras hervorgebracht, das noch vom Tau benetzt war.

Ich fühlte mich völlig im Einklang mit der Natur und nahe bei Gott. Er half mir also doch, stellte ich fest. Wie wäre ich sonst so weit gekommen? Bei Gott war nichts unmöglich. Seine Wege waren unergründlich und einzigartig. Ich ging tatsächlich neben meinem Vater her! Wie viele Reisen hatte ich allein antreten müssen? Wie viele Grenzen hatte ich ohne väterlichen Schutz überqueren müssen? Und nun, endlich, war er da, um mich den Weg nach Hause zu führen.

Wir durchquerten den Wald und erreichten ein Sumpfgebiet. Da erblickte ich eine Siedlung am Flussufer, von der Rauch aufstieg. Als wir jetzt das hohe Gras hinter uns ließen und auf eine kleine Anhöhe stiegen, waren die großen Strohhütten mit ihren gewölbten Dächern immer deutlicher zu erkennen.

Mein Vater wandte sich um. „Aher", sagte er, „pass mit deinem Lächeln auf. Denk daran, du hast mich fast umgebracht damit. Reiß dich zusammen. Stürz nicht auf deine Mutter zu, wenn du sie siehst. Sie hält den Schock nicht aus. Der Rest der Familie hat bestimmt schon von deiner Rückkehr gehört. Sie werden dich gebührend willkommen heißen."

Er hatte unsere Ankunft schon geplant. Ich sollte außerhalb des Dorfes warten, während er alles vorbereitete. „Warte hier unter diesem Baum", ordnete mein Vater an. „Wenn ich wiederkomme, kommst du mir auf halbem Weg entgegen."

Ich versprach, mich nicht von der Stelle zu rühren.

So kurz vor dem Ziel noch einmal zu warten, war ein Abenteuer für sich. Ich war aufgeregt und platzte fast vor freudiger Erwartung. Endlich sollte ich meine Mutter wiedersehen! Die große Leere in mir würde wieder gefüllt werden. Dank Gottes Hilfe sollte ich nun endlich die Liebe erfahren, die ich so sehr vermisst hatte. Nur hatte ich in meiner Erinnerung überhaupt kein Bild von meiner Mutter. Wenn nun eine Gruppe von Frauen auf mich zustürzte, wie sollte ich meine Mutter erkennen?

Ich lehnte mich an den Baum und sah zu, wie mein Vater sich dem Dorf näherte. Er lief auf zwei Hütten zu, ging aber an ihnen vorüber. Dann umrundete er zwei weitere und verschwand schließlich in einem Rund von vier strohgedeckten Hütten, das in der Mitte des Dorfes lag.

Schließlich tauchte er wieder auf und ich ging ihm entgegen. Am Eingang des Dorfes wartete er auf mich. Schweigend folgte ich ihm durch den Garten der ersten Hütte und an mehreren anderen Hütten vorbei. Aus dem vierten Hüttenrund kam uns eine Frau entgegen.

„Das ist dein Zuhause, Aher", sagte mein Vater. „Bevor du

hineingehen darfst, bringt dich diese Frau zu der Grabstätte unserer großen Vorfahren. Geh mit ihr."

Ohne ein Wort der Begrüßung drehte sie sich um und ging davon. Dies musste ein sehr wichtiger Teil der Tradition sein, also folgte ich ihr. Obwohl ich inzwischen Christ war, war ich bereit, meinen Vorvätern Ehre zu erweisen, aus Respekt für meine Angehörigen. Das hielt mich aber nicht davon ab, über den Verbleib der restlichen Familie nachzudenken. War diese Frau als Einzige zu Hause?

Sie führte mich zu einem Platz, an dem sechs runde Hütten standen. „Bleib hier stehen", sagte sie am Eingang zum Vorplatz und ging allein hinein. Kurz darauf winkte sie mir, ihr zu folgen. In der Mitte war ein Grab, das dem wichtigsten meiner Ahnen gehören musste. „Geh eine Runde drum herum", befahl mir die Frau. „Und nun steig drauf und stell dich gerade hin."

Ich gehorchte. Auf einmal erschienen aus den benachbarten Hütten lauter Leute, unter ihnen auch die Hüterin der Grabstätten. Sie stimmte einen traditionellen Gesang an und füllte eine unbenutzte weiße Kalebasse mit Wasser. Dann bat sie mich, vom Grab herunterzusteigen, und besprengte mich aus der Trinkschale. Sie war die Erste, die mich berührte: Dazu tauchte sie eine Hand in das klare Wasser und strich mir ein Kreuz auf die Stirn und die Brust. Ich musste anschließend meine Schuhe ausziehen und bekam das restliche Wasser über die nackten Füße gegossen.

Inzwischen hatten sich viele Dorfbewohner um uns versammelt. Sie wollten alle der Zeremonie beiwohnen. Ein paar alte Männer traten heran, um ihre traditionelle Aufgabe zu erfüllen. Dann wurden von verschiedenen Mitgliedern meiner Sippe junge Ziegen und Lämmer um mich herumgeführt; dazu sprachen sie Worte aus der animistischen Religion. Mit dieser Zeremonie drückten sie ihren Dank aus, dass ich gesund nach Hause zurückgekehrt war.

Danach leitete mich dieselbe Frau wie am Anfang wieder

zurück zu den Hütten meiner Familie. Dort wartete die ganze Dorfgemeinschaft, um mich willkommen zu heißen. Jedoch berührte mich niemand, bis ich auf traditionelle Weise ins Haus meines Vaters aufgenommen worden war: Die Menge formte eine Prozession und begleitete mich mit fröhlichen Liedern zu meinem Vater, der mich erneut mit Wasser besprengte, mich in der Familie willkommen hieß und in eine der großen Hütten führte. Dort durfte ich mich auf einen Stuhl mit Ledergeflecht setzen.

Nun drängten die Dorfbewohner herein, um mich nach echter sudanesischer Art zu begrüßen. Frauen hockten sich vor mich, hielten meine Hände und küssten sie. Dann gaben sie mir mit einem Kuss auf die Stirn ihren Segen. Von den alten Männern und Frauen, die nach dem Brauch der Dinka dazu befugt waren, wurde ich mit Wasserspritzern und Segenssprüchen aufgenommen. Anschließend stellte sich mir jeder Besucher mit Namen vor und erläuterte, wie wir verwandt waren. Alle sagten mir, wie glücklich sie waren, mich wieder zu Hause zu wissen. Manche waren so alt, dass sie mich noch als Baby kannten, andere hatten nur vom verschollenen Sohn Aher gehört. Wir waren eine glückliche Gemeinschaft; nur wurde die Hütte langsam zu klein und stickig. Schließlich schlug jemand vor, ich solle mich in den Eingang der Hütte setzen. So könne ich auch den Rest des Clans kennenlernen, der draußen wartete.

Aber wo war meine Mutter? Ich sehnte mich danach, sie endlich zu sehen.

Plötzlich kam ein Junge auf die Hütte zugerannt, der etwa acht Jahre alt sein mochte. Er war barfuß, trug kurze Hosen und eine Weste. Er trug einen Stock, der jetzt in hohem Bogen über unsere Köpfe flog. Der Junge sprang auf meinen Schoß und vergrub sein Gesicht in meinem Hemd. Ich legte tröstend den Arm um ihn. „Das ist dein Bruder Thokriel, Aher", sagte eine Stimme aus der Menge.

Mein Bruder? Ich wusste nicht, dass ich noch einen jüngeren Bruder hatte! Vorsichtig stand ich auf und hob seinen Kopf. Verweinte Augen schauten mich an. Seine Lippen zuckten. Hatte mein Bruder mich tatsächlich vermisst, obwohl er fast ein Jahrzehnt nach meinem Verschwinden geboren worden war? Ich hatte meinem Vater versprochen, stark zu sein; jetzt musste ich aber vor Freude weinen. „Thokriel!", sagte ich und wischte uns beiden die Tränen vom Gesicht.

„Du hast drei Brüder und zwei Schwestern", sagte jemand. „Deine anderen Brüder, Majok und Atem, wirst du bald kennenlernen. Atem ist der Älteste von ihnen. Achel und Ajith sind deine Schwestern. Ihr seid sechs Kinder. Und dann wohnt natürlich deine Großmutter hier. Sie heißt Awutdit."

„Aber wo ist meine Mutter?", getraute ich mich endlich zu fragen.

„Sie sucht dich überall", bekam ich zur Antwort.

Am vorigen Tag hatte sie anscheinend Verwandte besucht. Dann hatte sie von meiner Rückkehr gehört und war sofort aufgebrochen. Sie war die ganze Nacht hindurch gelaufen, weil sie dachte, ich würde direkt nach Hause kommen. Als ich aber in den frühen Morgenstunden immer noch nicht erschienen war, hatte sie sich in Richtung des Flughafens von Turalei aufgemacht. Sie werde bald zurück sein, versicherten mir meine Verwandten.

Ich hielt Thokriel fest und spürte, wie innere Ruhe in mir einkehrte. Es gab einen Bruder, den ich lieb haben durfte! Und meine Mutter war auf dem Weg zu mir.

Am Nachmittag gegen vier Uhr ging ich mit Thokriel und einigen Erwachsenen hinunter zum Fluss. Gerade kniete ich mich nieder, um die Hand ins Wasser zu tauchen, da hörte ich aufgeregte Rufe: „Aher! Aher! Deine Mutter kommt!"

„Da!", sagte mein Bruder und zeigte in ihre Richtung.

Sie war es. Sie kam vom Dorf meiner Großmutter her.

Menschen strömten aus ihren Hütten, um dabei zu sein. Freudenrufe erfüllten die Luft.

Ich begann zu laufen. Ich rannte, um mein verlorenes Leben

wiederzugewinnen. Ich sprang über trockene Sorghumstoppeln hin zur Liebe meiner Mutter.

Dass es meine Mutter war, wusste ich: Sie rannte auch.

Einen Augenblick später hielt sie mich in den Armen.

Nachwort

IN UNSEREM LAND gibt es keinen Frieden", stellte mein Vater fest, nachdem ich einige Tage bei meiner Familie verbracht hatte. „Mein Sohn, du bist hier nicht sicher. Einmal schon bist du von uns weggerissen worden. Das nächste Mal, fürchte ich, wird es dich das Leben kosten. Geh zurück an den Ort, wo du sicher warst! Gestalte dein Leben in Frieden. Lerne noch mehr und bereite dich darauf vor, unser Land in eine gute Zukunft zu führen, wenn der Krieg vorbei ist."

Als ich mich im Jahr 2002 auf die Suche nach meinen Eltern gemacht hatte, hatte ich nicht gewagt, von eigenen Brüdern und Schwestern zu träumen. Jetzt hatte ich eine richtige Familie! Der Mangel an Bildungsmöglichkeiten in unserer Gegend bereitete mir jedoch Sorgen. Worauf sollten meine Geschwister ihr Leben gründen?

Ich verbrachte achtundvierzig Tage zu Hause. Dann brach ich mit meinen Brüdern Majok und Thokriel auf: Gemeinsam stiegen wir in ein Flugzeug nach Lokichoggio in Kenia. Gern hätte ich sie bis nach Südafrika mitgenommen, aber weder hatten wir genügend Geld noch die notwendigen Reisedokumente. Also verbrachten wir einen Teil der Jahre 2003 und 2004 in Ifo in Kenia. Ich gab mir alle Mühe, sie auf den Schulbesuch vorzubereiten. Dazu kaufte ich eine kleine Tafel mit Kreide und brachte ihnen das Abc und das kleine Einmaleins bei. Außerdem erzählte ich ihnen von meinem eigenen Kampf um Bildung und wie wichtig Wissen für das Überleben ist. Es brauchte viel Einsatz von mir, sie auf eine Schule zu bringen. Noch nie zuvor hatte ich die Verantwortung für einen anderen Menschen getragen. Ständig pendelte ich zwischen Ifo und Nairobi hin und her, suchte Sponsoren und Schulmaterial und nahm alles, was ich auf Englisch in die Hände bekam, auch Comics. Schließlich brachte ich Thokriel und Majok nach Nairobi und meldete sie auf einer Internatsschule an.

Endlich wusste ich sie in guten Händen und konnte durchatmen. Das Jahr 2004 ging zu Ende, und ich kehrte – dieses Mal mit einem offiziellen Dokument – nach Südafrika zurück. Das Weihnachtsfest verbrachte ich in Kapstadt bei einem alten Freund, Daniel Deng.

Meine frühere Englischlehrerin Ma Sannie holte mich im Februar 2005 in Pretoria vom Bus ab. Ich hatte mir inzwischen das Gehirn zermartert, wie ich mich selbst über Wasser halten und auch noch die Schulgebühren für meine Brüder bezahlen konnte. Am Bahnhof Wonderboom stellte ich jedoch erleichtert fest, dass meine Geschäftsnische noch nicht besetzt war. Ich konnte den Verkauf wieder aufnehmen und Kleidung und andere Dinge anbieten. Im Juli schrieb ich mich an der Universität von Südafrika für den Bachelorstudiengang Jura ein. Ich bin überzeugt, dass ich es mit harter Arbeit schaffen werde.

Meine Brüder sind mir jetzt ein großer Ansporn. Ihretwegen gebe ich immer mein Bestes. Nicht lange, nachdem ich wieder in Südafrika angekommen war, meldete ich Majok auf einer Grundschule in Kampala, der Hauptstadt von Uganda, an. Ende 2007 ist er dort mit der Grundschule fertig geworden. Sein Notendurchschnitt war einer der besten im ganzen Land. Thokriel hat sich in Kenia auch gut gemacht und ist inzwischen bei Majok in Kampala. Auf ihn warten bald die Abschlussprüfungen in der Grundschule.

Im Sudan wurde 2005 ein Friedensabkommen zwischen der Regierung in Khartum und dem Süden unterzeichnet. Das Leiden der Bevölkerung im Süden hatte damit jedoch immer noch kein Ende. Dann hat in Darfur ein grauenvoller Völkermord begonnen. Abertausende Menschen haben ihr Leben verloren und Millionen sind auf der Flucht.

Es macht mich traurig, dass alle Parteien behaupten, gottesfürchtig zu sein – ob nun gegenüber dem „allmächtigen

Gott" auf Englisch, „Allah" auf Arabisch oder „Nhialic" auf Dinka –, aber sie schafften es nicht, miteinander Frieden zu schließen. Ein Gefühl der Leere und Niedergeschlagenheit ergreift mich, wenn ich mitansehen muss, unter welchen Bedingungen das sudanesische Volk lebt. Es muss Kriege, Hunger und Krankheiten ertragen, die nur aus Neid, religiösem Fanatismus, kultureller Ignoranz und Rassismus entstanden sind.

In jeder Religion gibt es die, die sich anderen gegenüber als überlegen betrachten. Sie sind entweder reicher oder haben eine scheinbar würdigere Hautfarbe, höhere Kultur oder religiöse Überzeugung. Menschen, die weniger Macht haben, spielen in ihren Augen keine Rolle.

Aus dieser arroganten Unterdrückung des anderen sind im Sudan seit Jahrhunderten immer wieder Konflikte entstanden. Ein echter Sieg kann nur dann errungen werden, wenn man in den Köpfen der sudanesischen Bevölkerung Freiheit schafft. Diesen Befreiungsschlag müssen Männer und Frauen anführen, die sich bewusst für die Heilung und Erneuerung der zerbrochenen Seelen der Menschen einsetzen. Von ihnen muss der Wiederaufbau unseres Landes ausgehen.

Wird das je passieren? Wird die strahlende Zukunft je anbrechen, von der meine Eltern träumen? Werden wir, das sudanesische Volk im Süden, je unsere blutigen Stammeskonflikte beilegen und die wild wuchernde Korruption eindämmen, die unser Land im Würgegriff hält?

Bei uns im Sudan erzählt man sich eine Fabel von vier wilden Tieren – einem Löwen, einer Hyäne, einer Schlange und einem Geparden. Einst teilten sie sich eine Hütte in einem kleinen Dorf. Sie lebten einmütig und in Harmonie miteinander – bis sie beschlossen, Regeln einzuführen. Regeln, die für einen achtsamen Umgang miteinander sorgen sollten.

Die vier Tiere hielten eine Versammlung ab, auf der jeder seine Wünsche äußern durfte. Die Schlange war als Erste dran. „Ich freue mich, sagen zu können, dass ich mit niemandem von euch ein Problem habe", sagte sie. „Wir sollten einander aber besser verstehen. Also nenne ich euch das eine, was ich wirklich hasse: berührt zu werden. Ganz egal, ob es absichtlich oder aus Versehen geschieht, ich will nicht berührt werden. Wer mich anfasst, erntet Krieg."

Danach war der Löwe an der Reihe. Er sagte: „Auch ich bin froh, Teil dieser Gemeinschaft zu sein. Ich gebe euch gern alle Freiheiten, bis auf eine Sache: Lärm. Lärm kann ich nicht ausstehen. Wer herumlärmt, egal, wer das ist, wird bestraft."

„Ich habe dem nichts hinzuzufügen", antwortete der Gepard, „außer dies eine: Ich kann es überhaupt nicht leiden, wenn mich jemand direkt anschaut. Bitte, unterlasst es, mir in die Augen zu sehen. Sonst gibt es Ärger!"

Zu guter Letzt sprach die Hyäne. „Ich werde mich an eure Regeln halten. Ihr habt das Recht, für eure Freiheit in unserer Gemeinschaft einzutreten. Und das ist meine Regel: Ich komme immer erst spät nach Hause, und ich verbitte mir hiermit die Frage danach, wo ich war und was ich gemacht habe. Das ist alles, was ich will."

Die Versammlung endete freundschaftlich. Alle waren bereit, die Regeln einzuhalten und auf ihre Genossen Rücksicht zu nehmen.

Eines Nachts ging die Hyäne auf die Jagd und kam erst in den frühen Morgenstunden humpelnd zurück. Dabei heulte und kicherte sie nach Hyänenart. Löwe, Schlange und Gepard schliefen längst in ihren Ecken. Die Hyäne schleppte sich zu ihrem Bett und jammerte über die Schmerzen in ihren Gelenken von der langen Jagd.

Davon wachte der Löwe auf. „Was ist das für ein Lärm?", brüllte er. „Was soll das? Wo warst du wieder die ganze Nacht? Wer hat dir das Recht gegeben, unseren Schlaf zu stören?"

„Wage es nicht, mich auszufragen!", gab die Hyäne aufbrausend zurück. „Wo ich war und was ich getan habe, geht euch überhaupt nichts an! Bleib bloß mit deinen Pfoten weg!"

Der Löwe erhob sich und knurrte bedrohlich, aber die Hyäne stand schon bereit, um ihr Recht zu verteidigen. Die beiden Tiere begannen einen erbitterten Kampf, der so lange ging, bis sie über die Schlange stolperten. Diese schnellte hervor und biss die beiden Hitzköpfe.

Am Morgen erwachte der Gepard. Die drei Tiere waren noch immer ineinander verbissen. Da kam ihnen plötzlich die rettende Idee: Der Gepard war an dem Ganzen unbeteiligt! Er konnte die Angelegenheit schlichten. Also begannen die zähen Friedensverhandlungen; jedes Tier brachte seine Beschwerde vor. Der Gepard wollte gerade anfangen zu sprechen, als er merkte, wie ihn Löwe, Schlange und Hyäne gespannt ansahen. „Wieso schaut ihr mich an?", explodierte er. „Ich habe euch das verboten!"

Der Schlichter stürzte sich ebenfalls in den Kampf, der damit neu entfacht war. Jedes Tier kämpfte so lange um seine Rechte, bis sich die erschöpften Krieger jeder in eine andere Ecke des Waldes zurückzogen, um ihre Wunden zu lecken.

So kam es, dass Löwe, Gepard, Schlange und Hyäne an getrennten Orten wohnen. Die selbst auferlegten Regeln und Gesetze machen es ihnen unmöglich, jemals in Frieden miteinander zu leben.

Dank

MEIN LEBEN VERDANKE ich dem allmächtigen Gott. Nur mit seiner Hilfe habe ich den Mut und die Kraft gefunden, alle Strapazen meines Weges durchzustehen.

Mein Dank gilt Sannie Meiring für ihre stetige Hilfe und Unterstützung. Ich verdanke ihr so vieles. Ohne ihren Beistand hätte ich dieses Buch nie vollendet. Gott möge sie segnen!

Große Achtung und Dank für meinen Freund Daniel Jok Mading. Sein Mut hat mich inspiriert. Er war immer für mich da und ist mir immer mit Verständnis und Verschwiegenheit begegnet.

Ich danke den beiden Männern aus Bangladesch und der Demokratischen Republik Kongo, die mich auf der Busfahrt nach Malawi zu ihrem Freund gemacht haben. Ihr Beitrag zu meinem Leben ist für mich von unschätzbarem Wert.

Der Meiring-Familie, die mich in Südafrika mit offenen Armen empfangen hat, möchte ich außerordentlich danken. Besonders Rykie Meiring, Piet Meiring, Mientjie Preller und Sorie van Garderen – ihr habt mir Liebe und Hoffnung gegeben.

An mein eigen Fleisch und Blut – meine beiden Großmütter, Awut Kuacnyuel (väterlicherseits) und Ajok Majok Adiang (mütterlicherseits), meinen Vater Arop Bol und meine Mutter Dot Atem Majak: Danke, dass ihr mich in meiner wahren Heimat willkommen geheißen habt. Dank euch habe ich zu meinen Wurzeln zurückgefunden.

Onkel Atem Bol, der mich bis ins Flüchtlingslager in Äthiopien getragen hat – du hast mein Leben gerettet.

Riak Atem und Aker Bol Majok – ihr habt mir den Kontakt zu meiner Familie ermöglicht. Das vergesse ich euch nie.

An meine Brüder Thokriel und Majok – ich bin stolz auf euch und euren Erfolg. Macht so weiter!

An alle meine Freunde – Leuth Buk Atem, Lemson Chikwiriro und die anderen – ich grüße euch! Ihr habt viel für mich getan. Wir werden weiter aufrecht und mutig durchs Leben gehen und unsere Freundschaft in Ehren halten. Nicht zu vergessen Tante Elizabeth Aguek Mangok, die ihr Leben 2007 bei einem Flugzeugabsturz verlor: Sie hat mich wärmstens unterstützt, als ich mit meinen Brüdern in ihrem Haus in Nairobi unterkam. Gott möge ihrer Seele Frieden schenken.

Bol Deng Tach – vor langer Zeit in Panyido habe ich von Ihnen das Alphabet gelernt. Ich wünschte, ich könnte Ihnen dieses Buch zeigen. Meinen Dank auch an all die anderen Lehrer, die mich vorangebracht und inspiriert haben, Menschen wie Mr Ndoro, der Direktor der „Visitation High School" der Makumbi Mission in Harare, seinen Stellvertreter und ihr Team.

An das Team von „Kwela Books" – Nicola Menné, Nèlleke de Jager, Wendie Hendricks und Ettie Williams: Ihr habt so viel getan, um dieses Buch zu verbessern und Wirklichkeit werden zu lassen. Danke dafür! Zu guter Letzt danke ich auch Antjie Krog und Johanna Mennen, die so sehr an das Manuskript geglaubt haben, dass sie es weitergaben.

Hanna Schott

Mama Massai

Angelika Wohlenberg –
die wilde Heilige der Steppe

192 Seiten, Gebunden,
zahlreiche Farbfotos
ISBN 978-3-7655-1938-3

Mit acht Jahren kann Angelika nicht stillsitzen. Mit sechzehn
will sie nicht länger zur Schule gehen, sondern „Seemann"
oder Lkw-Fahrerin werden. Mit siebenundzwanzig fährt sie
mit dem Motorrad durch die Massaisteppe, ausgerüstet mit einem Zelt und einem Hebammenkoffer. Die Massai sind nicht
gerade begeistert von ihrer Anwesenheit, aber Angelika weiß
endlich, dass sie genau dort ist, wo sie hingehört. Und so be-
ginnt eine abenteuerliche Geschichte, die bis heute andauert
und das Leben aller Beteiligten nachhaltig verändert hat.

Auch als Hörbuch erhältlich:
Gelesen von Andreas Malessa
3 CDs, Laufzeit: ca. 150 Minuten
ISBN 978-3-7655-8729-0

BRUNNEN VERLAG GIESSEN
www.brunnen-verlag.de

Hanna Schott

Steppenkinder

Ein Wiedersehen mit Mama Massai

176 Seiten, Taschenbuch,
zahlreiche Farbfotos
ISBN 978-3-7655-4099-8

Steppenkinder – das sind spannende Geschichten rund um die bemerkenswerte „Mama Massai" Angelika Wohlenberg. Sie zeigen, wie aus einer kleinen Saat der Liebe eine große Ernte der Hoffnung werden kann!

Ein Traum wurde wahr für „Mama Massai" Angelika Wohlenberg – seit mehr als 25 Jahren lebt und arbeitet sie bei den Massai in Nordtansania. Und sie erlebt heute, was daraus geworden ist. Bei einem großen Fest, von dem dieses Buch erzählt, gibt es ein Wiedersehen mit Menschen, in deren Leben sich vieles zum Guten gewendet hat:

Loserian, der keinen Fluch mehr fürchtet, Sophia, die gewitzte Unternehmerin, Naisharwa, die die Rache der Krieger überlebte und heute studiert … Bewegende Geschichten voller Zuversicht!

BRUNNEN VERLAG GIESSEN
www.brunnen-verlag.de